石原慎太郎

石原裕次郎

日本人が最も愛した男

監修　石原まき子

美しきものにほほえみを
淋しきものに優しさを
たくましきものに
さらに力を
すべての友に思い出を
愛するものに永遠を
心の夢醒めることなく

石原まき子

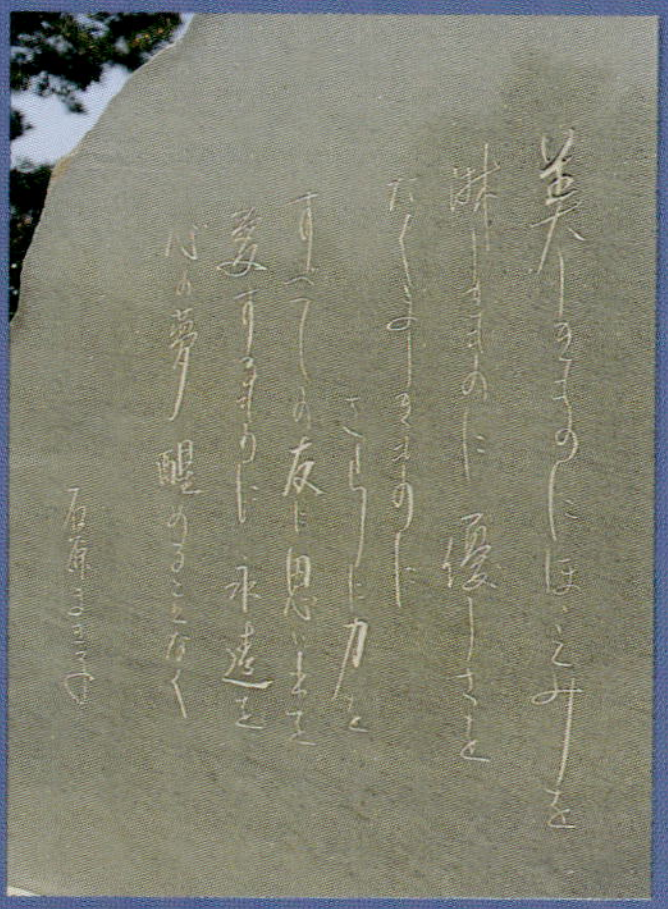

墓前の歌碑

目次

多くの商船と客船が出入りしていた埠頭

カトリック富岡教会は旭展望台へ続く坂道に

小樽・郷愁

——再びアカシヤを抱きしめに

裕次郎にとって小樽は第2の故郷である。3歳から9歳までの幼年時代を、両親、兄慎太郎とここで過ごした

昭和16年春稲穂小学校入学、マリア幼稚園を半日で逃亡し以後通園する事なく稲穂小学校に入学したわけです。その年の12月8日大東亜戦争勃発、百年戦争と言われた大戦に突入しました。18年春雪どけの頃馬ソリが残した馬フンの乾いた匂いを懐しく嗅ぎ乍ら小樽を後にしました。

〝アカシヤの花の下で〟——と言う私の今ではもう古い唄がありますが、3本の大きなアカシヤの木が母校稲穂小学校にありました。

昭和53年、〝北帰行〟と言うNHKの番組で4日程取材に行った時稲穂小学校でも撮影を致しましたがその時一番最初に目に入ったのが位置こそ変れ3本のアカシヤの大木でした。私は両手で木を抱く様に触って見ました。

校舎は全く近代的に変っていたものの木に触れるにつれ懐しく幼年時代が想い出され42年前の匂いを感じ感動したものです。

56年5月大手術をし九死に一生を得て再び仕事にカムバックし翌年10月自主製作の〝西部警察〟と言うTV番組で札幌にロケをした際私は一日の休暇を利用し車を飛ばし再度小樽を訪れる事が出来ました。

緑町2丁目オンコの木の生垣のある昔いた家、小樽高商へ続く美しく紅葉に色どられた昔懐しい道、ドライブの途中、子供の頃父と兄と朝早くよく散歩をし小樽港の見える丘にあるアカシヤの木の前で写真を撮ってくれた父の姿も懐しく想い出されました。

セピア色に変ったその写真が今も古いアルバムの一ページを飾っています。

札幌への帰路最後に稲穂小学校に寄ってみました。校庭は時間も遅かったせいか授業も終りひっそりしていました。私は

交易港として明治から昭和にかけて多くの倉庫が建てられた。小樽の象徴的な場所

幼い頃親しんだ『海陽亭』で懐古する裕次郎

車を降り3本のアカシヤの木に行き幼なき頃、稲穂小学校の想い出を再びしっかりと一本一本抱きしめて見ました。

機会があったら又この手で小樽の想い出を、稲穂小学校の想い出を抱きしめに行きたいと思います。

その時アカシヤは私に何を語ってくれるでしょう………。

石原　裕次郎

（昭和60年　稲穂小学校、開校90周年によせて　原文まま）

裕次郎一家が住んでいた緑町は港が見える坂道にある

母校稲穂小学校

幼少の頃母に内緒で駄菓子を買って叱られたことも

港へ続く長い坂道〝地獄坂〟を下って小学校へ通った

父潔の山下汽船小樽支店があった協和ビル

ノスタルジックな年代物の消火栓は、昔のままの姿で

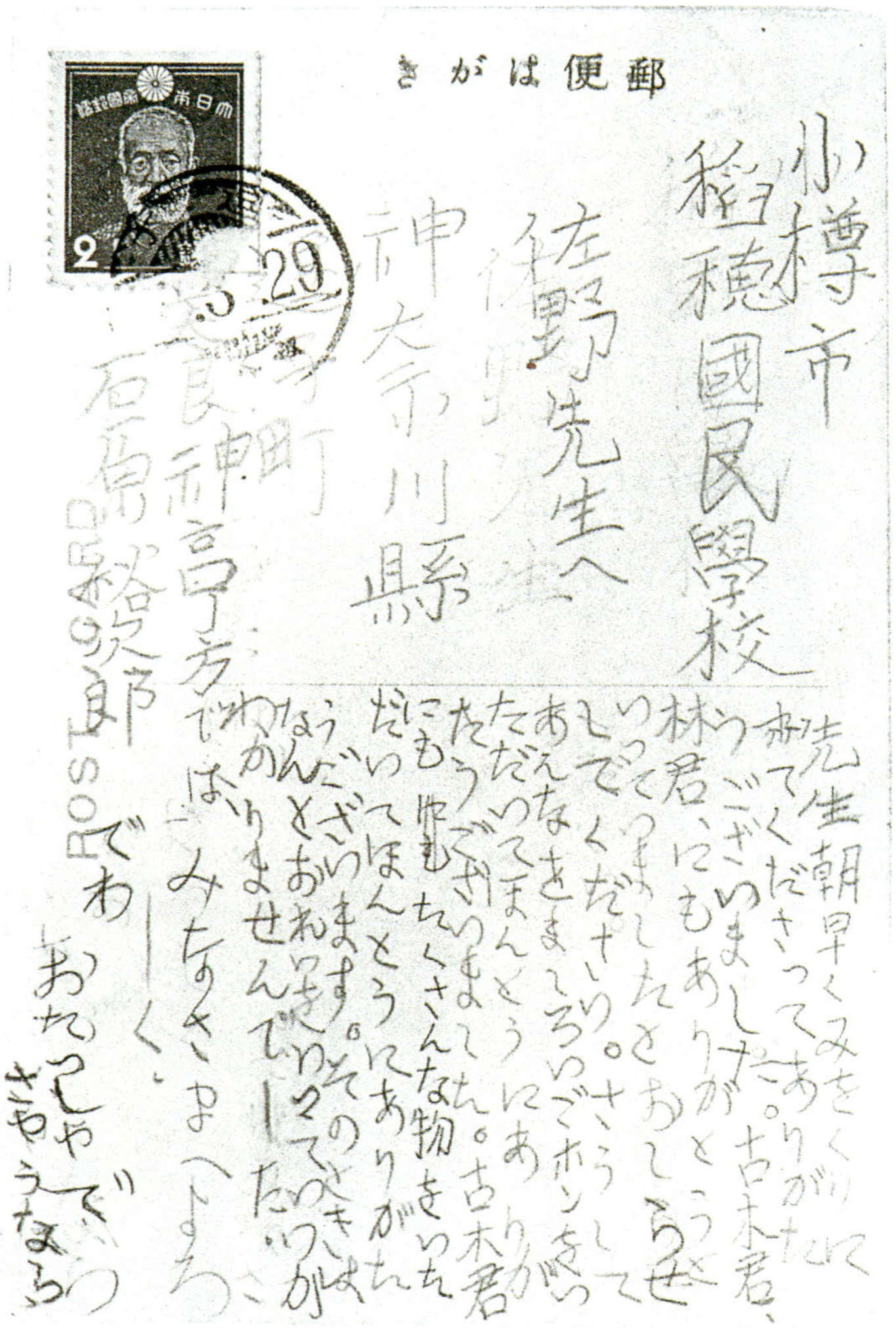
郵便はがき

小樽市
稲穂國民學校
佐野先生へ

神奈川縣
逗子町
石原裕次郎

POST CARD

先生朝早くみをくりに
来てくださってありがたく
ございました。古木君、
林君、にもありがとうござ
いってつましたさおしらせ
てでください。さらして
あねさまてろいごホンをもらっ
ただいってほんとうにありが
たうございました。古木君
にも作もたくさんな物をいれ
だいってほんとうにありがた
うございます。そのさきは
なんとおれいをいってよいか
わかりませんでしたが
ではみなさまへよろ
でわーく。
おたっしゃで
さようなら

昭和53年、自宅近くの小川で。幼い頃兄と遊んだ川

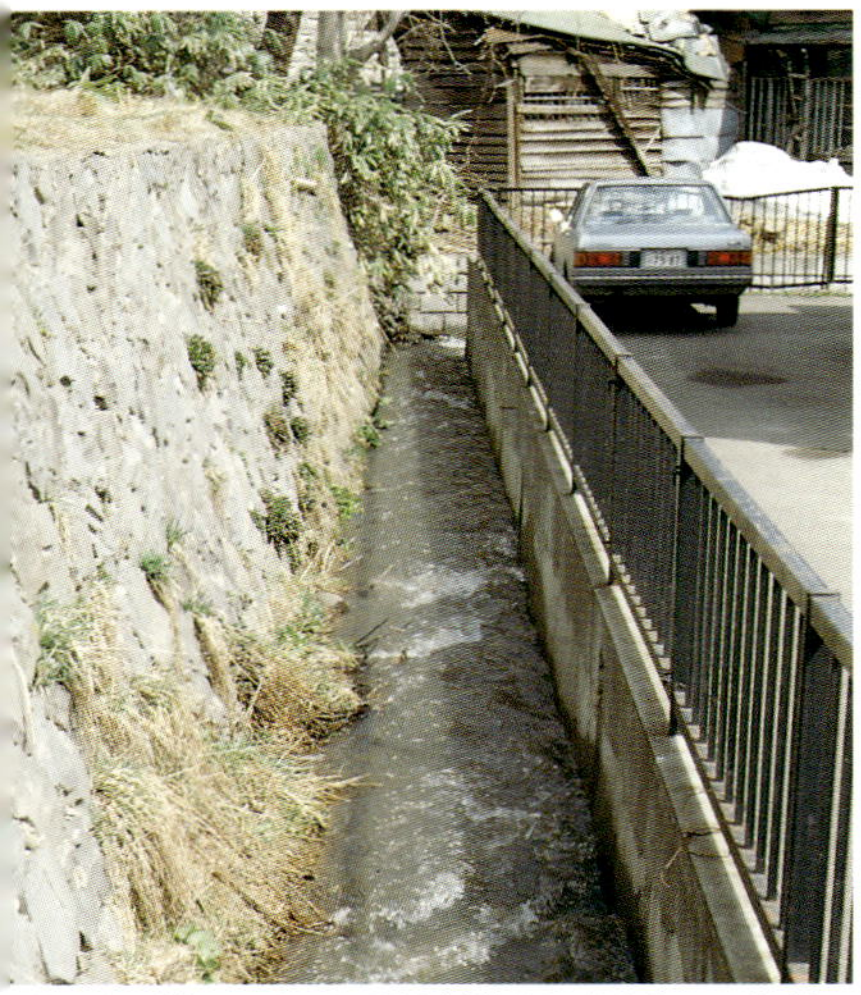
裕次郎が遊んだ小川は現在整備され小さなせせらぎに

左　小樽時代の恩師に逗子から送った裕次郎の手紙
下　父に連れられてスキーを覚えたのは天狗山だ
左下　母校稲穂小学校の小さな後輩たちから大歓迎

緑町１丁目、３歳から９歳までをこの家で過ごした裕次郎。佇まいはいまも当時と変っていない

小樽――

運河、セピア色の倉庫群、ガラス工芸、明治の一流アーキテクトの設計による日本銀行小樽支店、旧三井銀行小樽支店、旧日本郵船小樽支店などの近代建築。そして石川啄木や小林多喜二ら、日本文学史を飾る作家たちの碑が残る小樽――。近代の日本の夜明けとともに大陸交易の北の玄関港として開き、栄えた街。この街を訪れる旅人は、そのノスタルジックな佇まいに、しばし悠久の時を体感して過ごす。この街に石原裕次郎記念館が誕生した。三歳から九歳まで、裕次郎は、多感な幼年時代を山下汽船の重役だった父潔、母光子、兄慎太郎と、この街で暮した。この街での六年間は、その後の石原裕次郎の人間形成に多くの影響を与えた。裕次郎にとって小樽は故郷である。没して四年の時が流れ、再びこの地で鮮やかに甦えった裕次郎。記念館には、五十二年の足跡と、大スターとしての偉業を集大成させた膨大な資料や遺品が展示されている。いまでも多くのファンの心を掴んで離さない石原裕次郎の人間的魅力。その青春から晩年まで、そこには、もう一人の素顔の裕次郎も見ることができる。敷地２７７０坪、１階２階の総面積１０９５坪の壮厳なメモリアルホールは、文字どおり日本一のスター記念館になった――。

裕次郎が愛した３本のアカシヤの樹

石原裕次郎記念館から見える小樽マリーナ

旭山展望台から小樽市街地を

昭和53年ＮＨＫの『北帰行』で小樽を訪れた

明治後期の商家がいまも

成城・館《やかた》

成城四丁目の自宅は、昭和五十六年秋に完成。ダイニングの〝団欒〟をはじめ、各部屋のプランニングのほとんどが、裕次郎のアイデアから生まれた。敷地335坪（1105㎡）建物面積183坪（603㎡）の豪邸は、高級住宅地東京・成城でも、ひときわ威容を誇り、大スター裕次郎に相応しい城である。昭和六十二年七月十七日、肝臓ガンのため東京信濃町の慶應病院において、五十二年六か月二十日間の決して長くない生涯を閉じるまでの最後の六年間をここで過ごした。庭の草花、一階から三階までの各部屋に残された遺品、その思い出の品ひとつひとつにいまだ裕次郎の香りが漂い、過ぎ去りし日の時間を共有できる。今回、まき子夫人によって、初めて細部にわたった石原邸が全公開された。さながら、そこに裕次郎が佇み、自邸の案内役をかってくれているような雰囲気すら感じられる。シャイでいてナイーブ、そこには稀有の才能も持ちあわせていた才人裕次郎も発見され、実に興味深い。

自宅玄関アプローチ、すぐ左に中庭が見える

裕次郎の場所

トップライトから陽が射し込む玄関

玄関横のガレージにはベンツ、ロールスの愛車が

玄関左にある坪庭に飾った埴輪

裕次郎は庭に咲く草花を愛した

大好きだった都スミレがいまも庭に

レモンの木、庭に果物の木まで植えた

1階和室の前の和風庭園は裕次郎の趣味

庭から見る裕次郎邸、3階が夫妻の寝室だった。陽が多く部屋に射し込む設計

魔除け石。玄関と、庭の隅に置いてある

さりげなく庭に置いた陶製のテーブルと腰掛

中庭、右手前が小応接、右奥がリビング

庭が見渡せるリビングルーム。ホームパーティで賑わった部屋。左の白い椅子が裕次郎の席。クロスステッチのクッションは夫人の手製で新婚時代からのもの

裕次郎語録『インテリア』

この部屋は見ての通りベージュ系で統一されアットホームですよ。
だから、この部屋は映画やテレビで見る俺のムードじゃないかもしれない。
大体、いままで雑誌に書かれている俺は
銀座で派手に飲んでいるようになっているけど、
実際の俺はこの部屋と同じで、派手じゃないんですよ。

勝手口から玄関、リビングへ続く廊下

勝手口、裕次郎は普段はここを玄関代りに

勝手口右のワインセラー。いまでも約500本の銘酒が

ワインコレクターとしても知られた

専用のシューズケース。デッキシューズからスニーカー、ウェスタンブーツ、フォーマルシューズなどさまざま

廊下からも２階へ続く階段がある

洗面所うしろのコートケース

廊下の途中にあるゲスト用洗面所

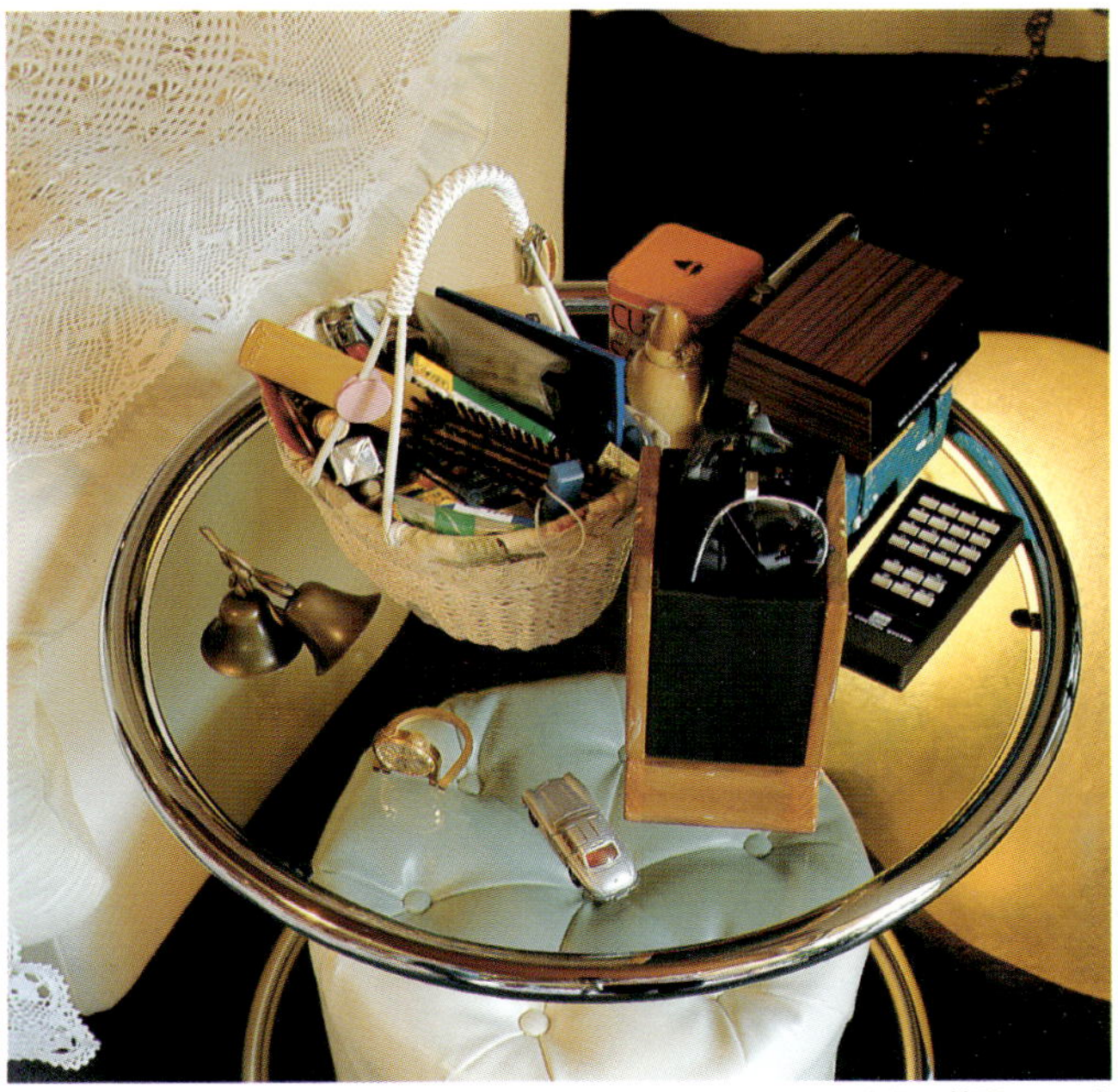

専用ソファーのサイドテーブルに置かれたままの愛用品。すべて自分で整理していた

玄関左の小応接間、ここからも庭が

M、Yと２人のイニシャルが入った絨毯、１階ダイニングルーム入口にある

愛用のバカラ社のワイングラスなどが入ったガラス器の棚、スポットの光を受けて美しい

ダイニング右の銀製品の戸棚には、重厚な光を放つ銀食器が整然と並び眩しく映る

石原邸のダイニングルームは、ベイシックなダークブラウンの家具で統一されている。解放的な明るい色でまとめたリビングに比べ、ダイニングは、ゆっくりと食事が楽しめるように、もの静かで瀟洒《しょうしゃ》なレイアウトにした。裕次郎は、窓を背にした椅子に座り、夫人と朝食、夕食の時間をここで過ごした。家紋入りのダイニングテーブルと椅子は、新居のためにシンガポールで特別に作らせ船で運んだ。背もたれの気品ある曲線は、裕次郎がデザインした。「美味しく味わうには、料理と、肌に合う食器が不可欠」という裕次郎の食の哲学から、和洋の食器は趣味をこらしている。食器棚に並んだ小皿から大皿、ティカップ、スプーン、それに茶碗まで、形、色、肌ざわりすべてが、裕次郎と一心同体である。中でも、バカラ社の細長いワイングラスは、香り深い味を楽しむ、良きパートナーとして、裕次郎に愛された。「気品と、なんともいえない繊細さがいい」裕次郎らしい言葉だ。

コーナーの裕次郎像とアンティークな時計

ダイニングルーム

裕次郎専用の洋食用セットは愛艇のネーム入り

さまざまな色あいを楽しんだ和食用セット

［遺骨が納められたペンダント］

夫人は、故人の遺骨を分骨してこの中に納め肌身に

裕次郎のイニシャルをダイヤで飾ったプラチナのペンダント

ペンダントは縦3.1センチ、横2.7センチ、50グラム

1階リビング奥の和室に裕次郎は眠っている

リビングから２階へ上る螺旋階段

仏間には、知人、ファンから贈られたありし日の逞しい裕次郎の写真が飾られている

思索、瞑想

「日本のジェームス・ディーン」とライフ誌に紹介

興に乗れば自らピアノを弾きジャズを口ずさんだ

螺旋階段を上ると、右にプレイルームが

夫人が栄光のトロフィーを書棚に飾った

ウィットに富んだ人形の置き物

2階プレイルーム全景。ヨットレースに出場したパネルが壁に。左のバーで親友たちと酒を楽しみ人生を語った

ゲスト用のコンテッサルーム。ヨットのキャビン風にデザインした

トロフィーや盾で埋ったコーナー

『太平洋ひとりぼっち』に登場したヨットも

プレイルーム前からリビングを覗く

上　愛用文具　下　書斎コーナー

プレイルームのコーナーにある書斎は、唯一、一人だけの時間を持てる場所であった。友人への手紙、先輩後輩への手紙、石原プロ社長としての公務、執筆、読書。机の引き出しには、使いこなされた何本かのモンブラン――。そして、ネーム入りの便箋、封筒、手帳。さまざまな思いを込めてペンを取り、白い便箋に心を走らせた裕次郎がそこにいた。プレイルームを覗くと、俳優石原裕次郎ではなく、読書を楽しみ、筆を走らせる文人裕次郎がいる。いつ、これだけの書を読み、筆を走らせていたのか、それはまき子夫人ですらほとんど知らない。そうしたことを垣間見た人も少ない。シャイな裕次郎は、自分の世界を覗かせたり公表することは〝男の美学ではない〟としたのだろうか。教養は他人に誇るものではなく、自分をより磨き映し出す心の鏡と考えたのかもしれない。ぶらないで、心に仕舞っておいたところが裕次郎らしい。

日本の文学全集をはじめ、時代を走る作家たちの作品を好んで読んだ。学生時代から画家ダリに心酔、美術の造詣が深く、多くの美術全集も蒐集している。作家で政治家の兄石原慎太郎の作品は全冊読破、厳しい批評家として、兄を喜ばせた。音楽は、ジャズ、ハワイアンなどを愛し、特にトランペット奏者チェト・ベーカーは「心を打たれる哀愁がある」と大ファンで、数多くのアルバムを持っている。プレイヤーから静かに流れてくるトランペットの囁きや、旅愁を誘うノスタルジックなハワイアン。プレイルームで一人孤独を楽しんでいるときの裕次郎は、どんな思いで聴いていたのだろうか……。書斎には、52年の全軌跡を記録したプライベートフォトアルバムも。

すべてに思い出が

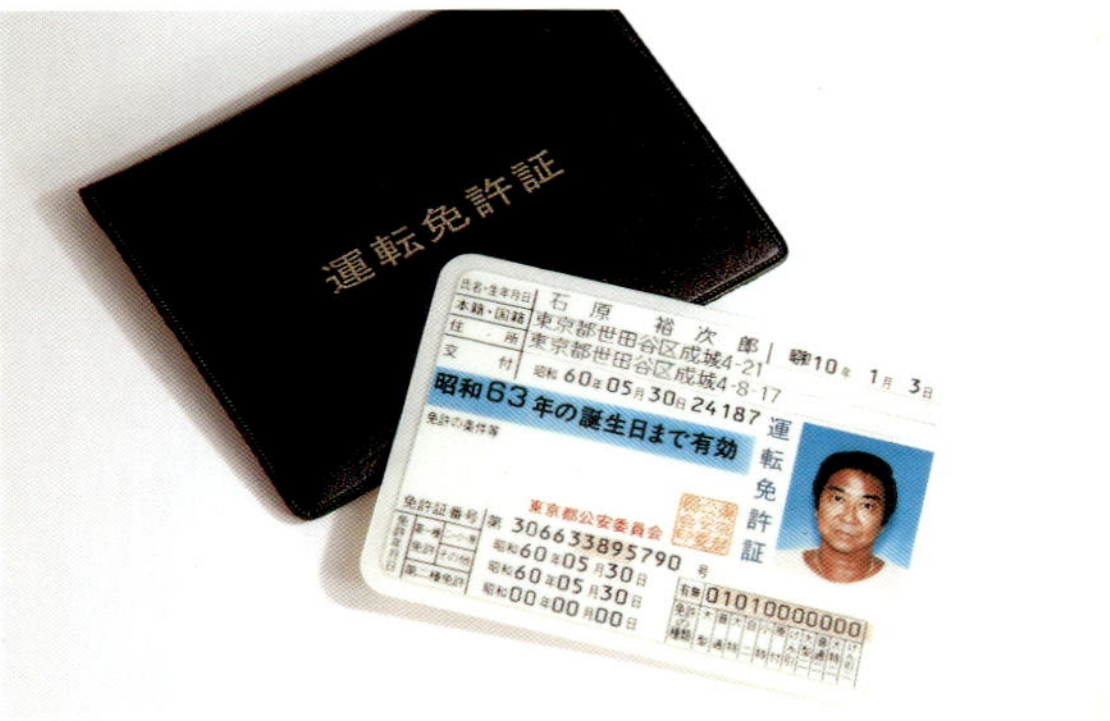

晩年はほとんど自分で運転することはなかった

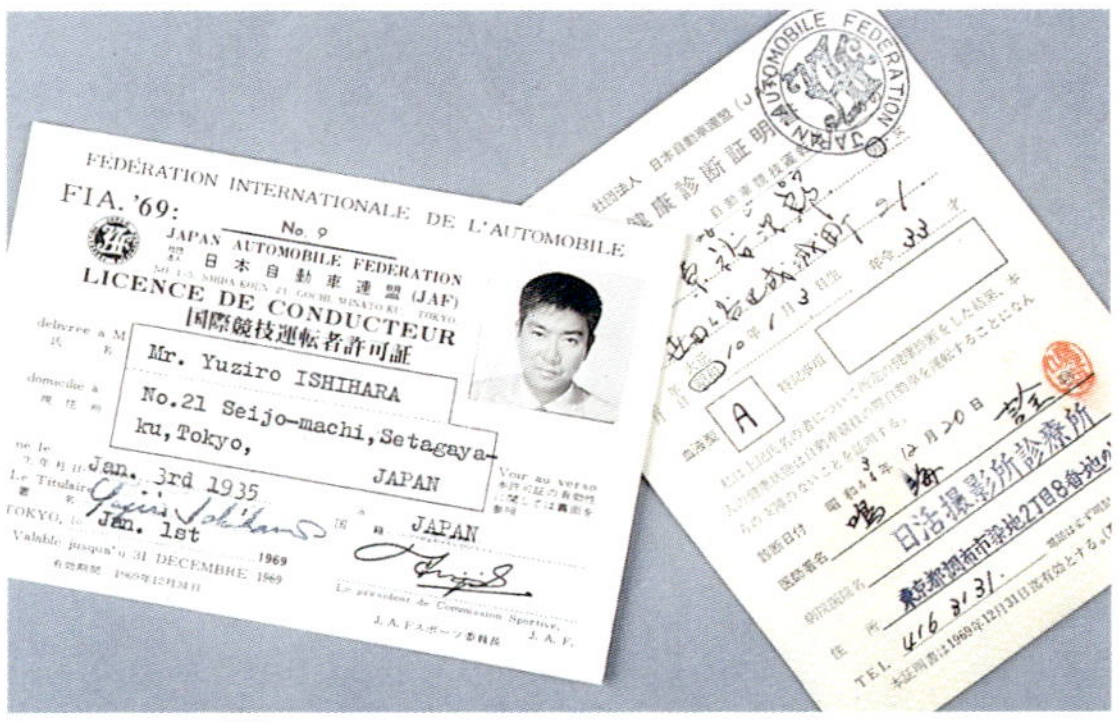

カーレースの国際ライセンスも取得していた

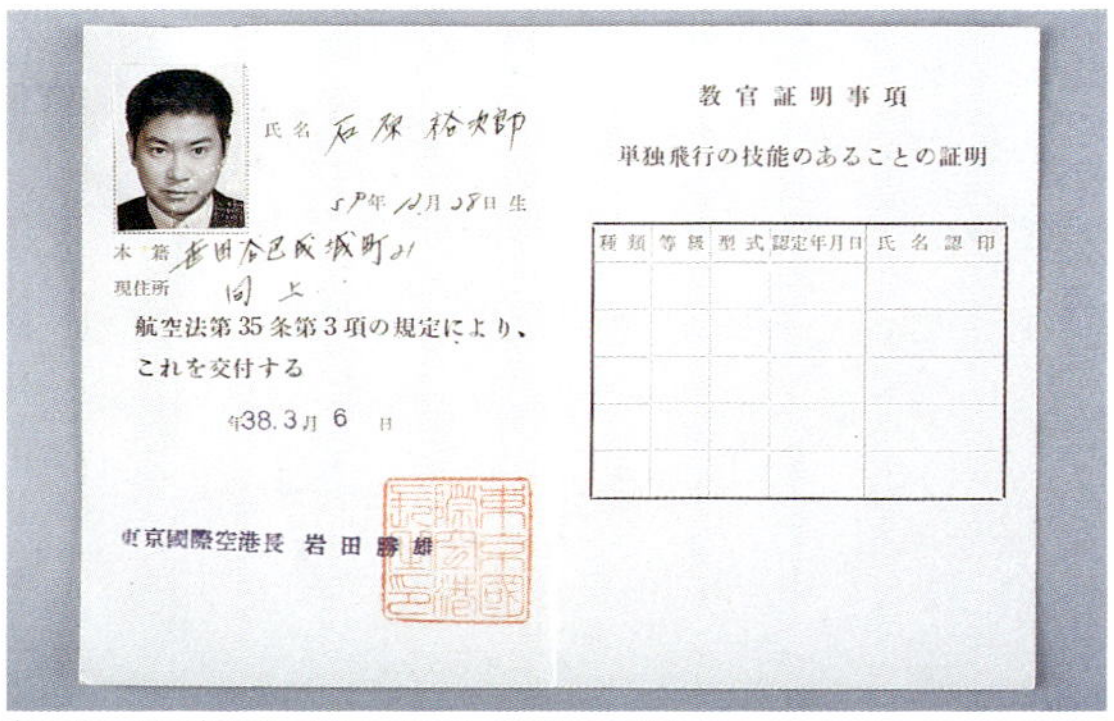

軽飛行機の練習許可証。事故を心配して断念

カルチェのパスポート入れを愛用していた

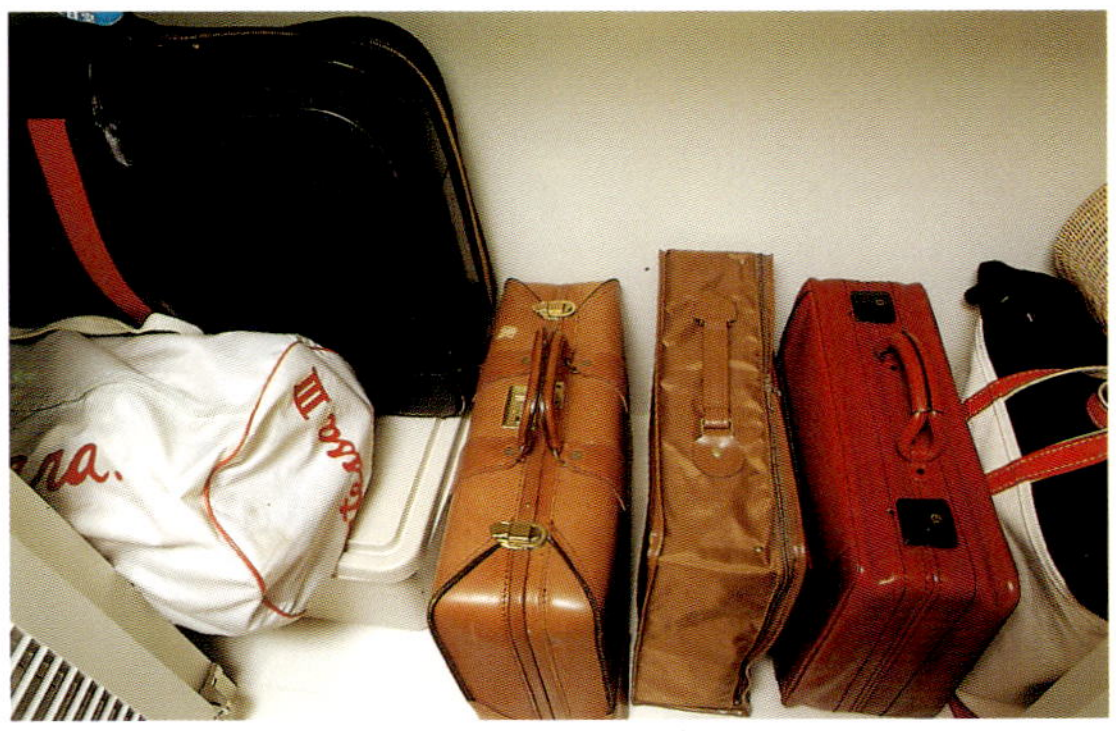
旅行カバンには夫人とのさまざまな思い出が

海外ロケ、バケーションの思い出が詰ったパスポート

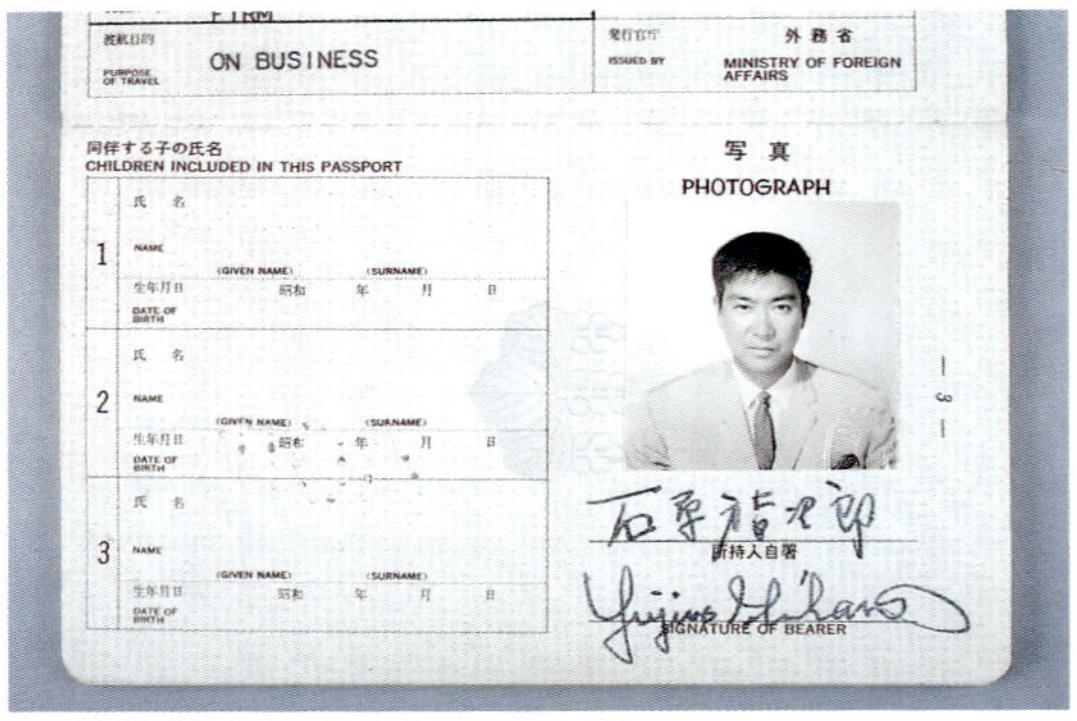

1966年（S41年）12月10日発給、32歳

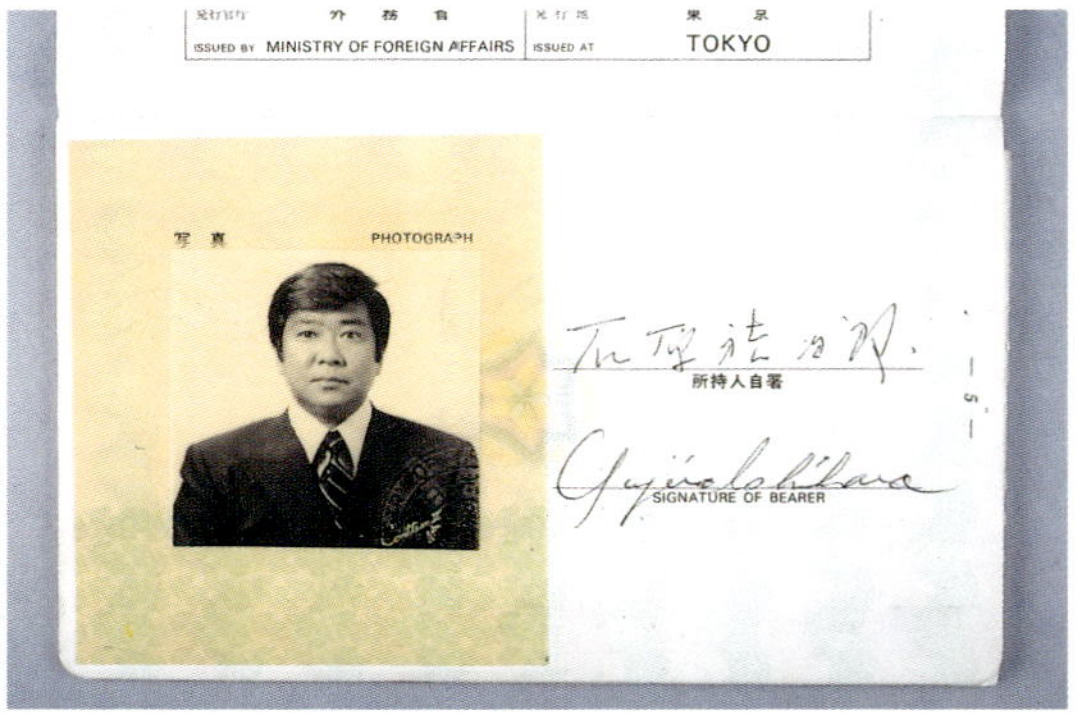

1975年（S50年）11月14日発給、41歳

1980年（S55年）8月25日発給、46歳

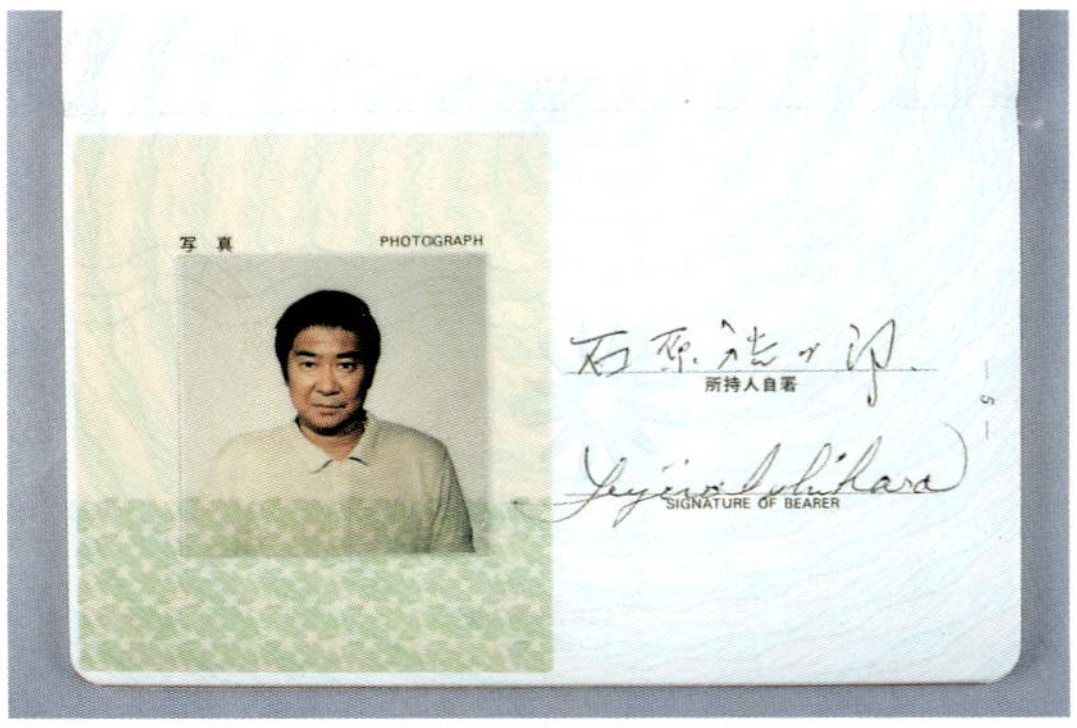

1985年（S60年）1月19日発給、51歳。最後のパスポート

山中湖の別荘の玄関に掛ける予定だった『有林居』の表札

裕次郎が亡くなってから、石原プロ社員によって夫人に贈られた結婚30周年記念の額

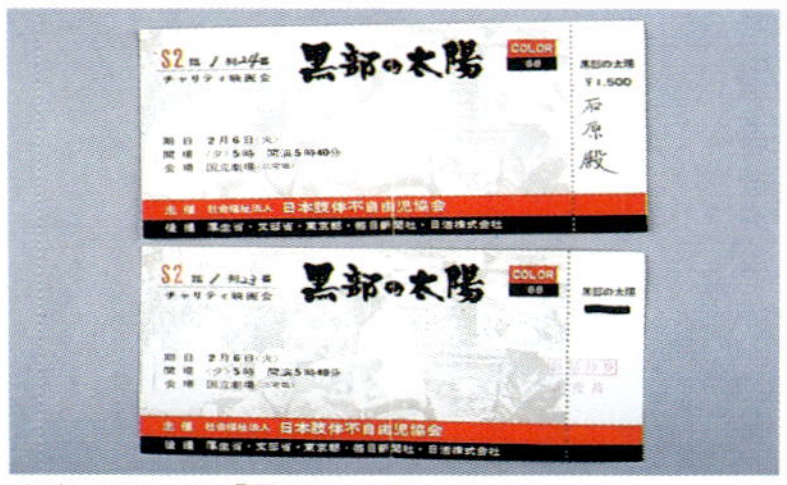

夫妻の思い出『黒部の太陽』のチケット

古今亭志ん生の古典落語のファンだった

ウクレレ、これでハワイアンを楽しんだ

夫人にプレゼントした『ルビー』のレコード

ゴルフ、ヨットクラブの会員カード

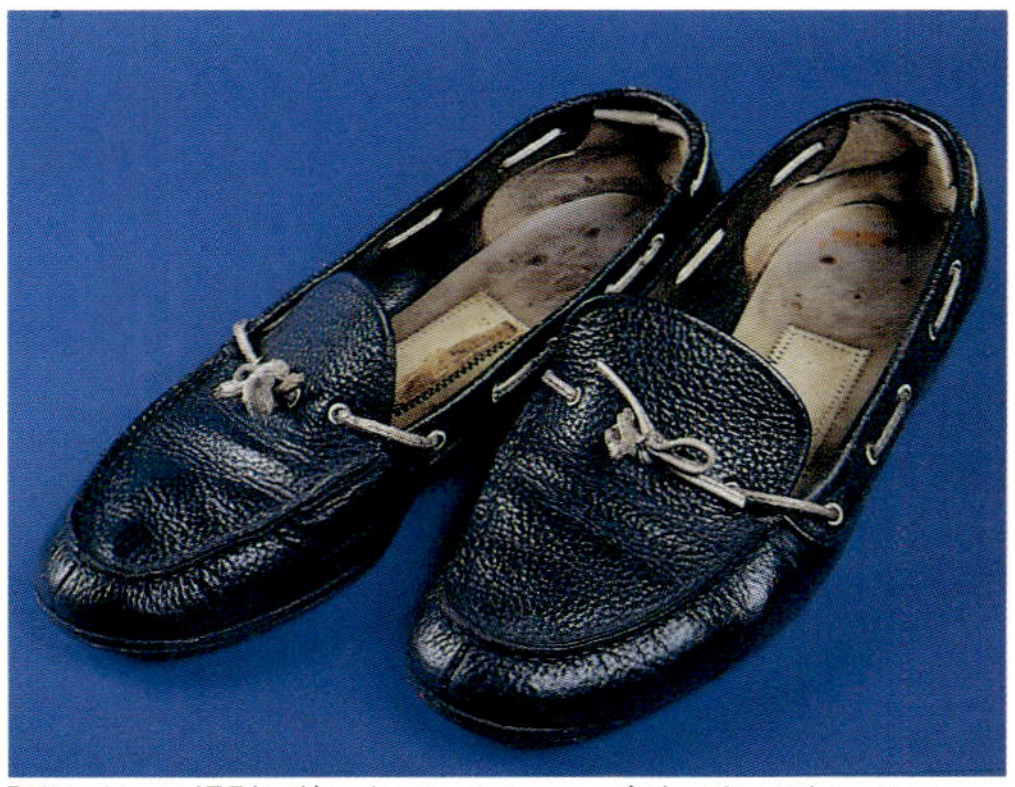
『鷲と鷹』の撮影で使ったデッキシューズが一番のお気に入り

使い残したエルメスなどのオーデコロン

シャンペンはお祝いごとに

裕次郎ウィスキー

仏製ボルドーを愛飲

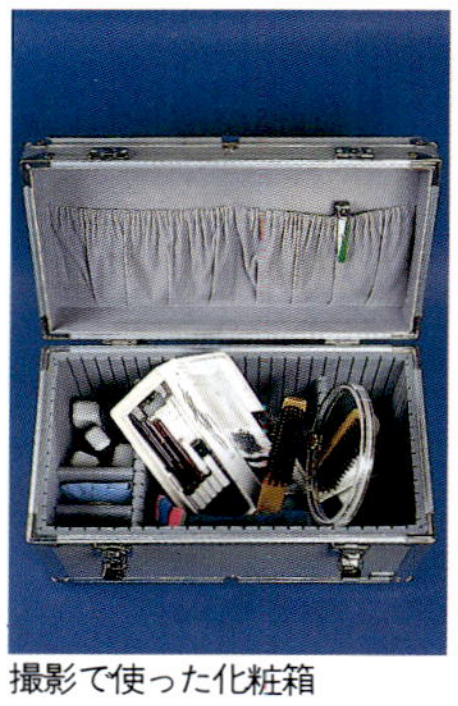
撮影で使った化粧箱

父潔の形身の腕時計

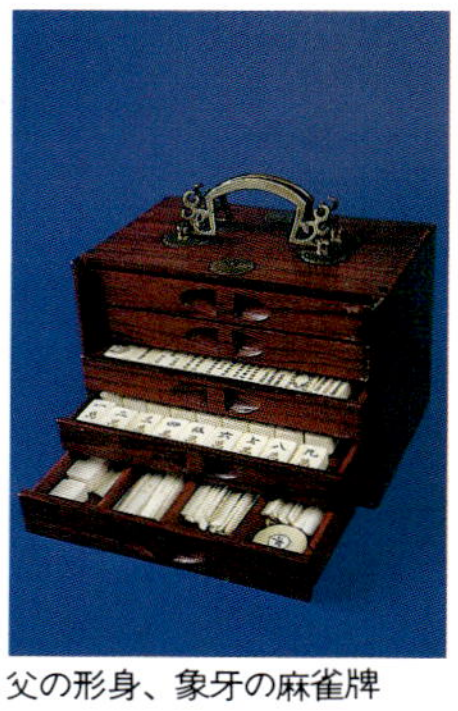
父の形身、象牙の麻雀牌

左から、結婚25周年に夫人に贈ったルビーの指輪、二人の結婚指輪、夫人の婚約指輪

夫人からの贈り物

デビューして間もない頃夫人に贈った京人形(右)。夫人からは博多人形を

結婚披露宴の引出物、1個無くなった

海の男に相応しい錨のペンダント

最初に交換しあった銀のペンダントを、夫人は裕次郎の死後、一つに

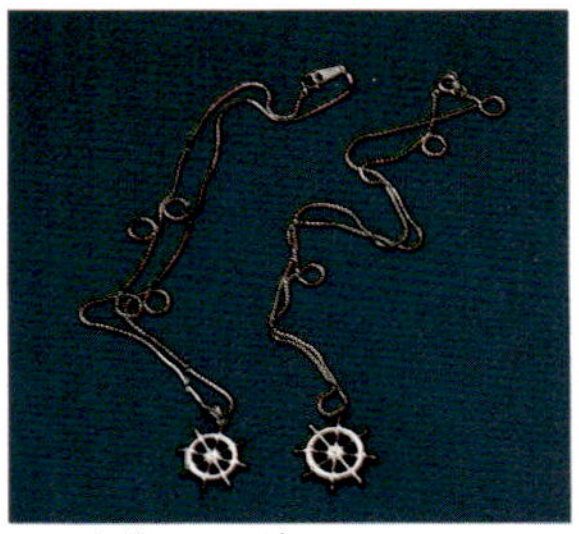

つなぐ前のペンダント

S61年に作った自分の肖像を彫った18Kのカフスに指輪、入退院の繰り返しでほとんど使う機会がなかった

NHK『わが心のスター』No.1の表彰カップ

慶應大学在学中にかぶっていた学帽

肖像入りペンダントに指輪

最後まで身につけていた

イニシャル入りペンダント

TVドラマで使った最後の指輪

血液型を彫ったブレスレット

ダリコインのペンダント

独身時代まき子夫人にあてた手紙

私しか知らない素顔の裕さん　石原まき子

インテリアを含め、家具もすべて裕さんの趣味で設計、選びました。部屋の片隅にあるさりげない小物類まで、すべて裕さんが選んできたものです。

　そうしたものに愛情をかけていたわけですから、置いてある場所が少しでも変ると駄目です。裕さんが「ああ、ここがいいな」と思っていることがわかっているのですけど、掃除なんかでうっかり位置がズレたりすることがありました。それがすぐにわかってしまい、帰ってきても落ちつかず、サッサと元の場所へ置いてしまう。それと、洗面所を使った後、必ず自分が使ったタオルで洗い場から鏡まで拭いていました。それほど几帳面で、清潔家でした。

　リビングや二階へ上る階段の壁、天井にカナダ産の米松を使っています。

「いまは木肌が真新しく白っぽいが、何年もたつうちにアメ色に変わり、とても品がいい色になるんだ。それを楽しみにしてる」

　ここに引越してきたとき、裕さんはそんな言葉で私に説明したことがありました。

　ちょうどいま頃になって、裕さんがいっていたアメ色の品のいい色になって。

　見せてあげたかった、一目でも見せてあげたかった、残念でなりません。

　リビングでのお気に入りは、レザーのハイバックチェアでした。ここに横たわって、庭を眺めるのがとても好きでした。この椅子は裕さんの特等席で、どなたも座ったことがありません。

　千客万来の家で、裕さんも大歓迎でしたから、リビングからいつも笑い声が絶えませんでした。皆さんも家へ集まるのが楽しみで、それはそれは賑やかでした。

　裕さんが急に仕事が延びたり、急な仕事があったりしても「何時迄に帰れるから中止にしないで」と、決してお客様をなおざりにしませんでした。その間、私がお相手をするのですが、やっぱり私ではもちません。やっぱり裕さんじゃなければ駄目な人たちばかりなのです。間のもたせ方がやっぱり違います。あの人の話って本当に楽しいですよ。

　くたびれて、ソファに横になっていても、皆さんは、裕さんがそこにいてくれるだけで楽しいのです。「じゃ、あした早いから先に寝るわ」と二階に上っていっても「上に石原さんがいる」っていうだけで皆さん帰りたがりません。そんな思い出がいっぱいありました。

　プレイルーム奥の書棚に、裕さんの愛蔵書がたくさん眠っています。若い頃から本好きで、私がついていけそうもない難しい本がいっぱい。いつ読書する時間があるのかしら?と不思議に思うほど、本の解説について詳しく話してくれましたね。裕さんは読まないふりして読んでいる人でした。

　歌でもそうでした。「いつどこで練習しているんだろう、セリフはいつどこで憶えるんだろう」と感じるほど、人前では、絶対にそういう姿を見せませんでした。どこかでやはり勉強はしていたんでしょうが、ただ、数少い自分だけの時間の中で頭に入れてしまうところが、非常に天才的なところがあったのかもしれません。

　裕さんの記念館が小樽にできて、多くの遺品が展示されています。運び込まれる前に各部屋に残った遺品を整理しましたが、一つ一つに思い出があり、元気だった頃の裕さんがすーっと目の前に現われてくるような気がして胸がツーンと熱くなりました。デビューして間もない頃、新人ですからそんなにお金に余裕があるはずもないのに、私へのプレゼントとして、ロケ先から京人形を送ってくれました。これが裕さんから最初に贈ってもらったプレゼントです。お返しに私も男らしい博多人形を贈りました。

　結婚してからも、二人の記念日には必ずお互いにプレゼントの交換をして楽しみましたが、大事に仕舞っておいたぶん、小樽へ運ぶのが忍びがたく、辛い別れをしてしまいました。

左　ガンジー像。上　ソリッドモデル、勉強そっちのけで熱中、父によく叱られた

天賦の才能

とても小学生が作ったとは思えない模型

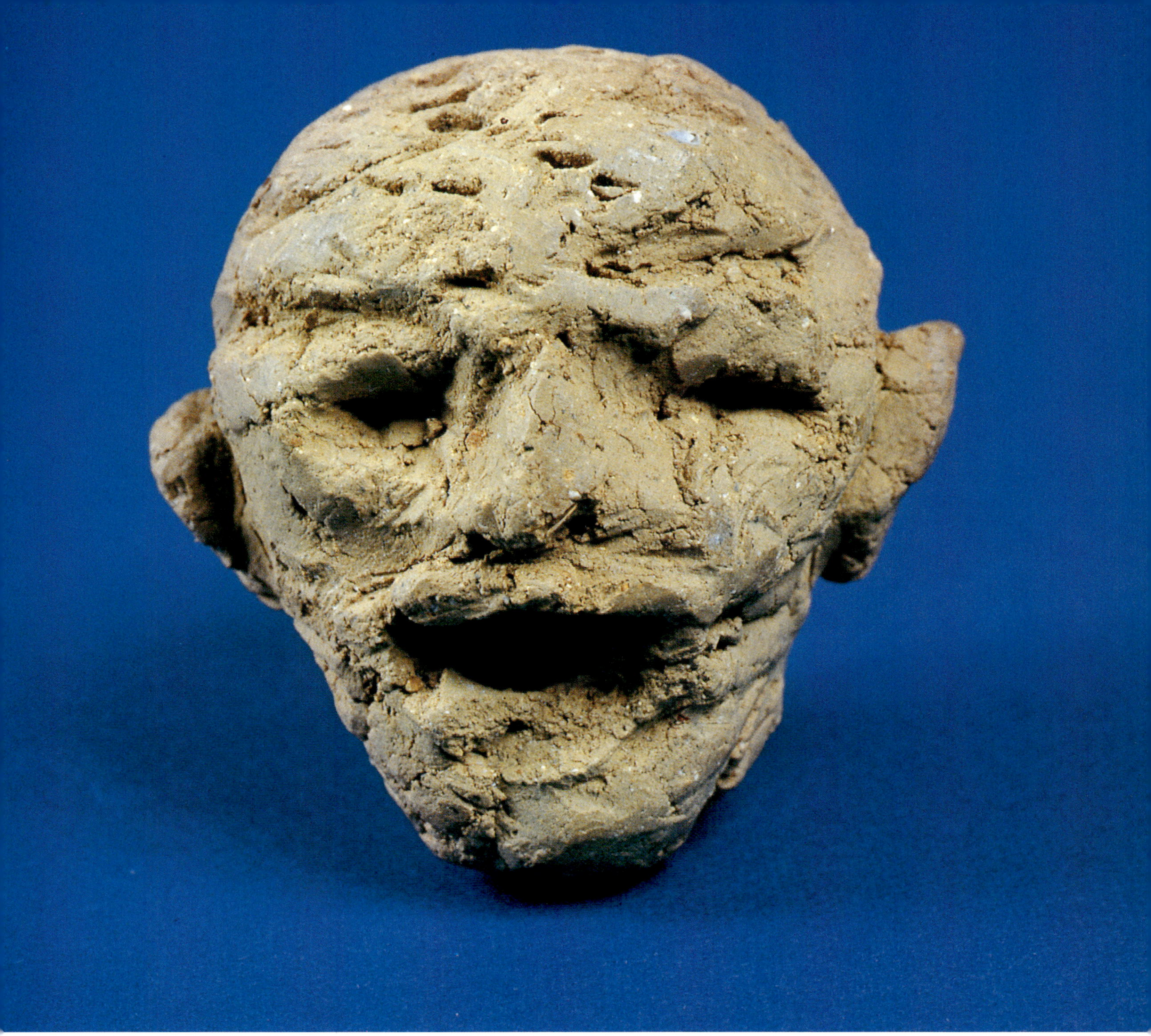

手先の器用さは母から譲り受けた

『**家宝**』

戦時中、物が何もない時代——
俺が小学校四年のときに作ったソリッドモデルが
家宝かもしれないね。
薪をナイフ一丁で削って飛行機の胴体を作って、
お袋の帯締めが入っていた桐の箱をこわして、
それで翼を作ってね。
ヤスリだってないからガラスの破片を、
ヤスリのかわりに使った。
いろいろ工夫して作った飛行機やヨットの模型を、
お袋がとっておいてくれてね。
その作品が何点か残っている。
作品の中には粘土細工もある。
ガキの俺は赤土でガンジーの顔を作ったんだ。
めがねこそかけてないけど、
われながらよく似ていると思うよ。

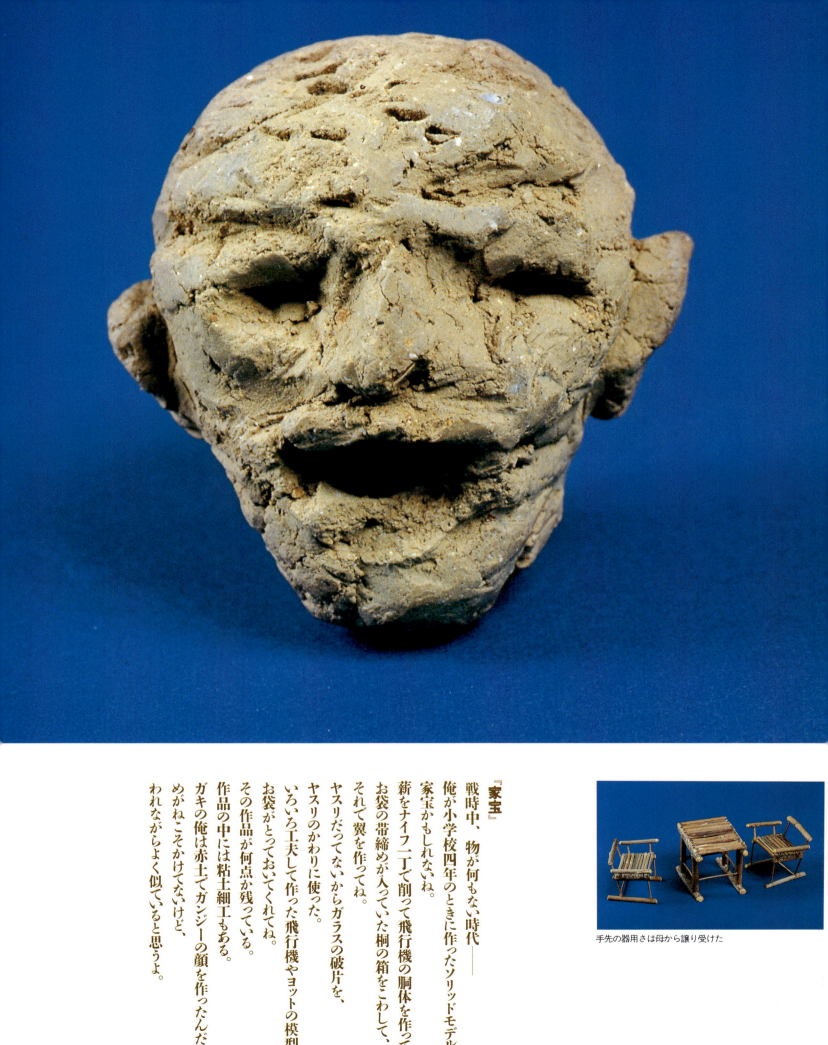

慶應高校1年生の頃に描いた自画像、愛くるしい裕次郎が見える

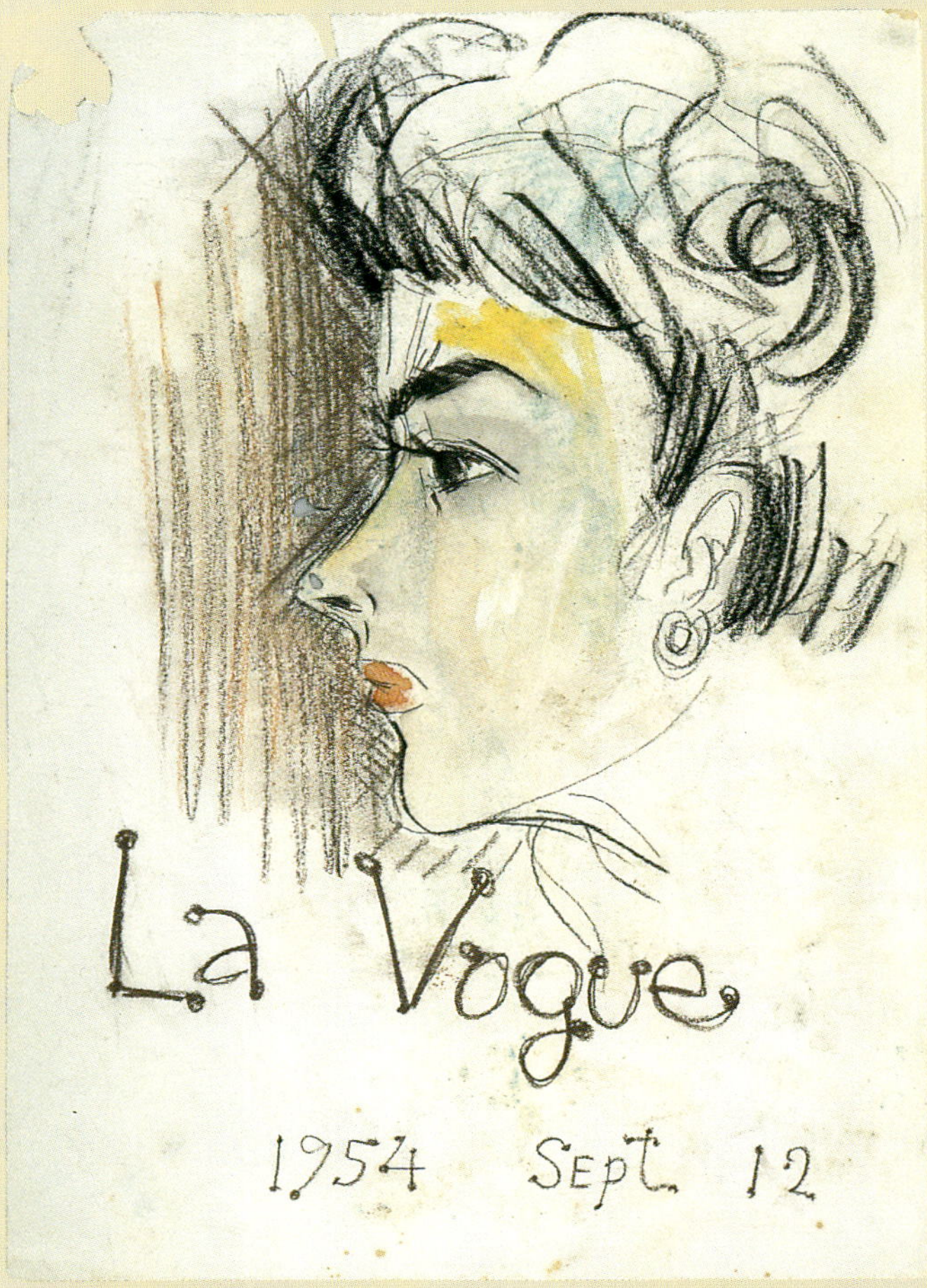

20歳のときに描いた美人画

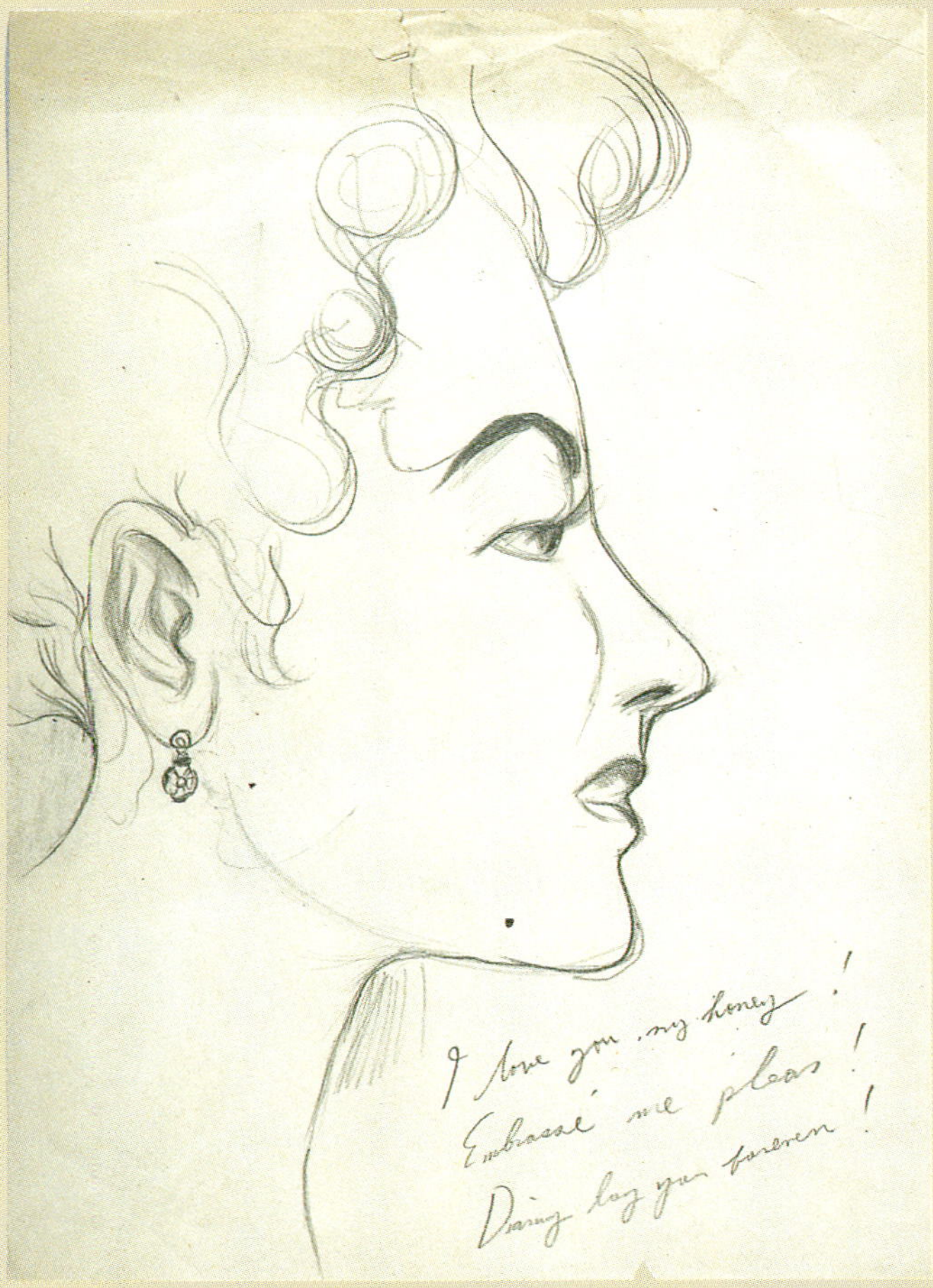

ファンだったエバー・ガードナーを意識!?

ファッショナブルなイラストレーション

何故か横顔の婦人画が多い

我が息子裕次郎　母光子

家の中でじっとしているのが大嫌い、机のまえにすわらせても、すこしも落ち着いていませんから、遊びながら何とかならないかということを、私なりに考えました。そこで、外では棒っきれで地面に文字や絵をかかせたりし、家ではクレヨンと画用紙を用意して、「へのへのもへじ」や彼の好きな自動車の絵をかかせたりというやり方をとってみました。裕次郎の活動的な性格に合わせて、そういうところから入って、自然に字や絵に興味をもたせるように、私なりに知恵をしぼったものです。裕次郎も、そうしたことにはおもしろがって、私につきあってくれました。

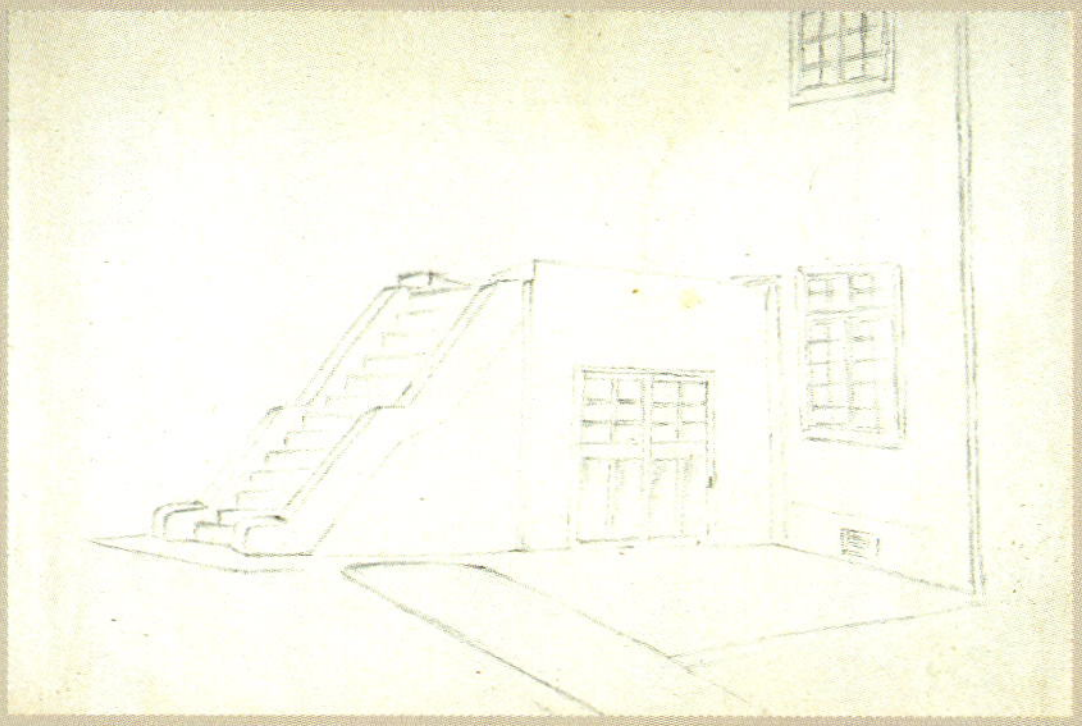

未完成の絵もある

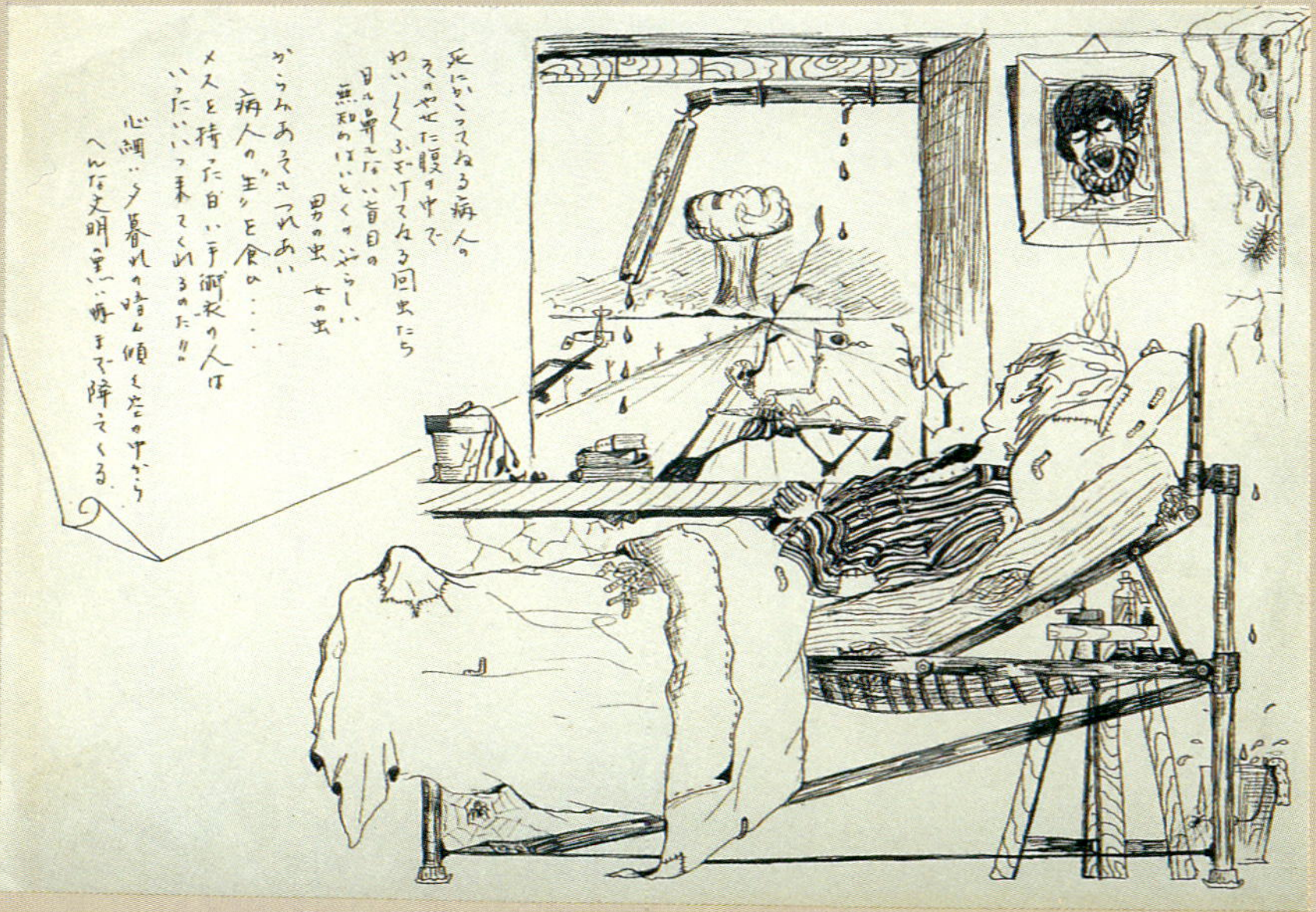

細い線まで目をこらして見ると、じつに興味深い

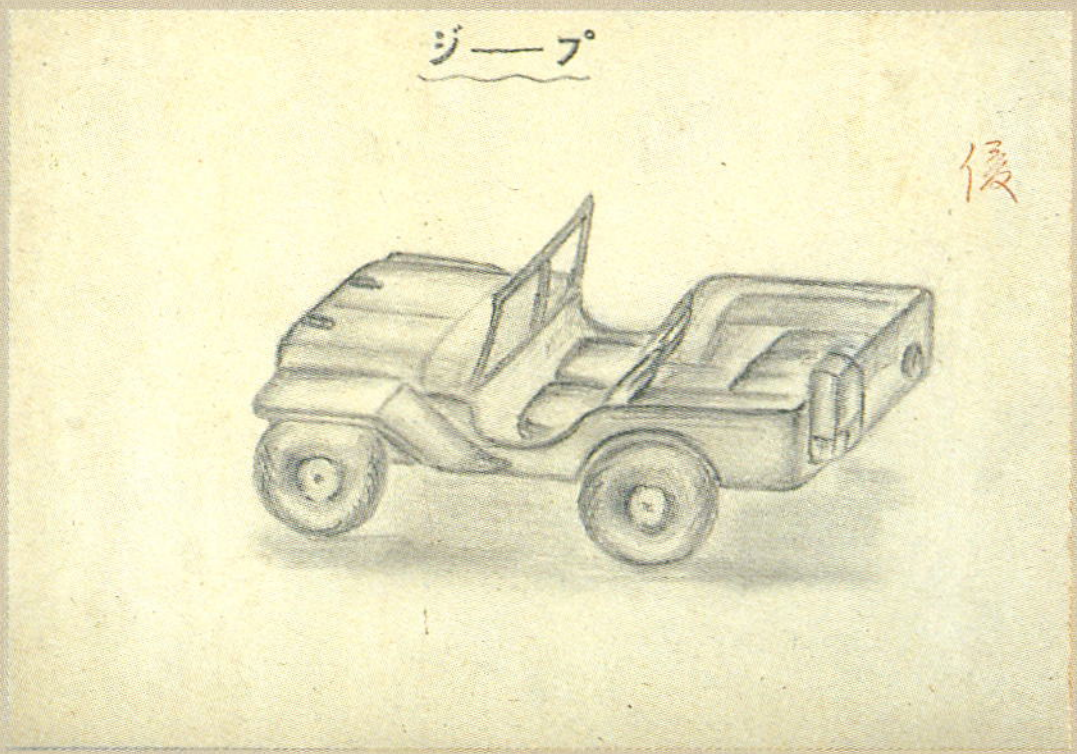

時代を感じさせるアメリカ軍のジープ

現代社会の不安を暗示させるような構図

図画の成績はとび抜けて良かった

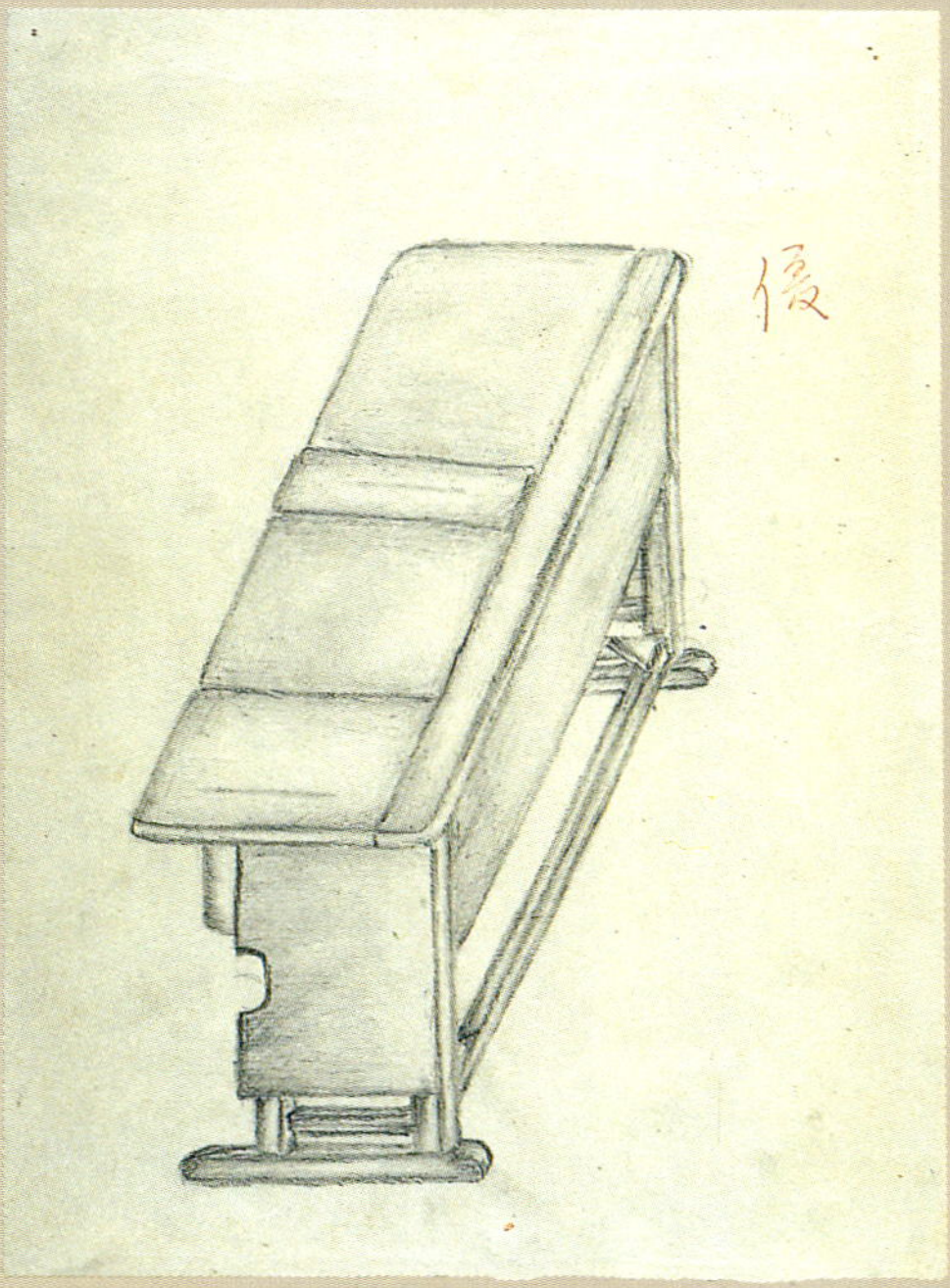

小学校時代のデッサン画、優がつけられている

バラとコスモスの配色が綺麗

上　青年期の凛々しい自画像　下　美人画はすべて西洋の女性

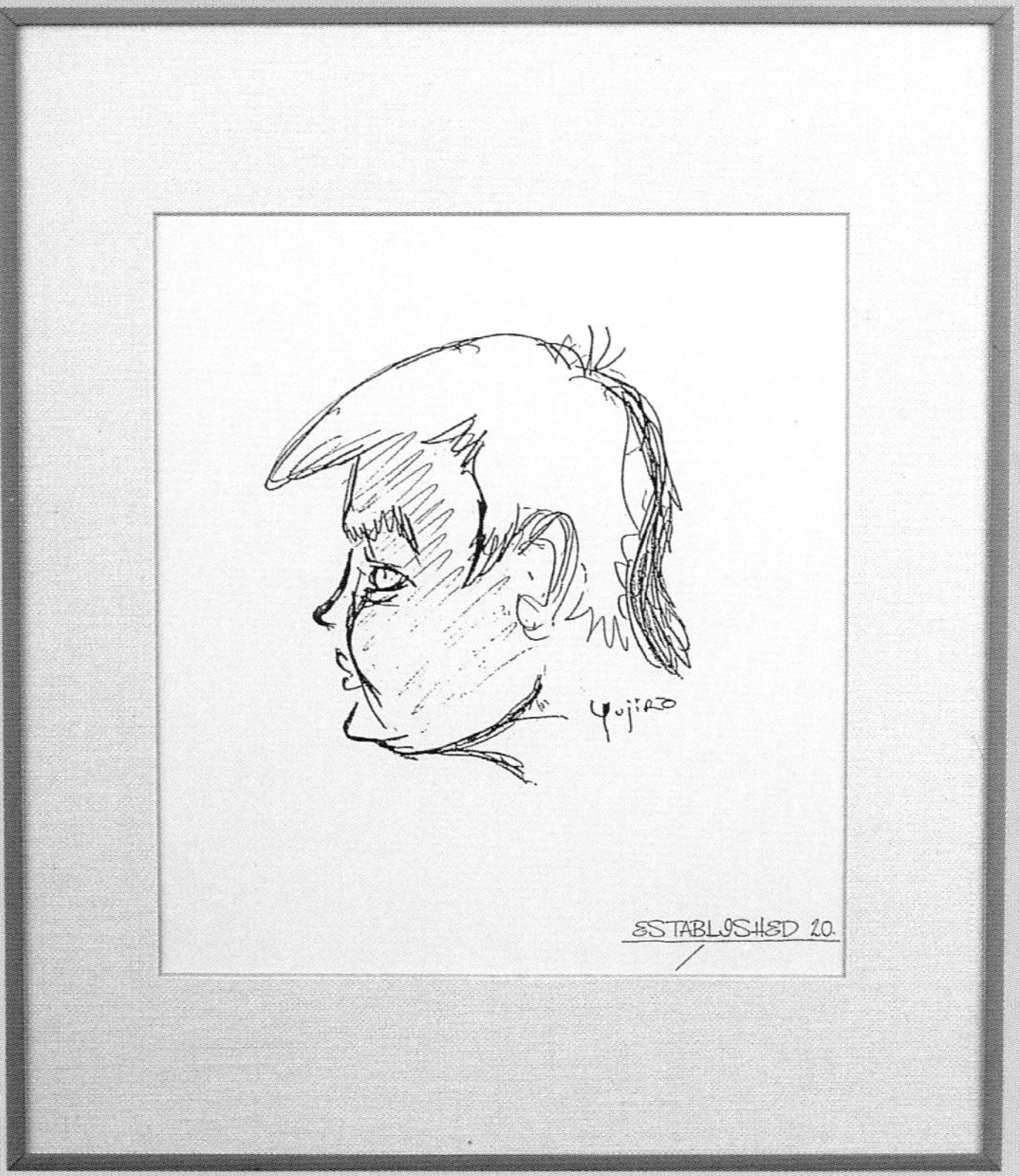

スター裕次郎の自画像

みごとにデフォルメした自画像

銀婚式記念の額。右のラフコンテをもとに作った。すべて銀製

銀婚式の額装は自らがデッサン

飾り皿にダリを意識して描いた抽象画

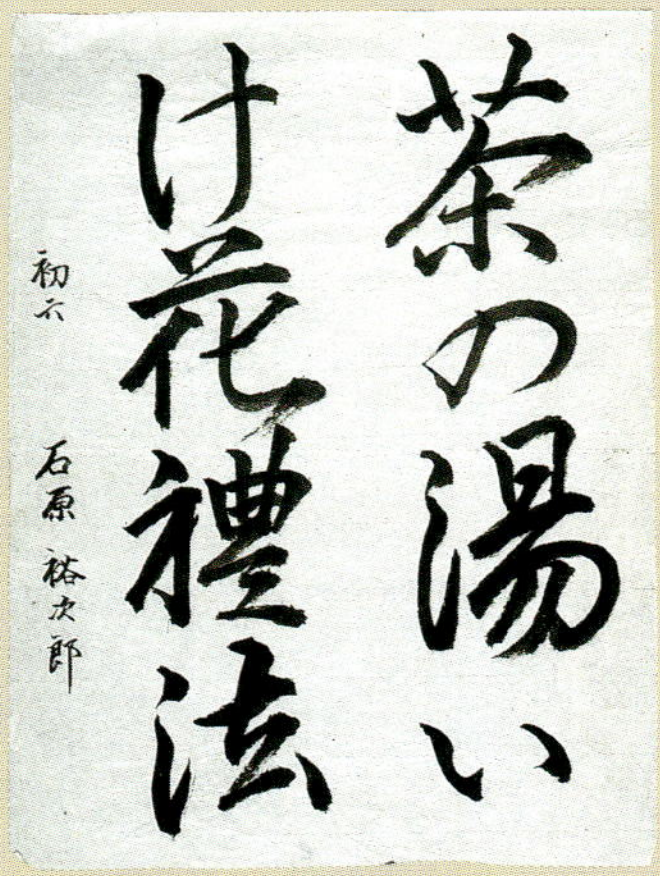

力強い筆の運びが優美

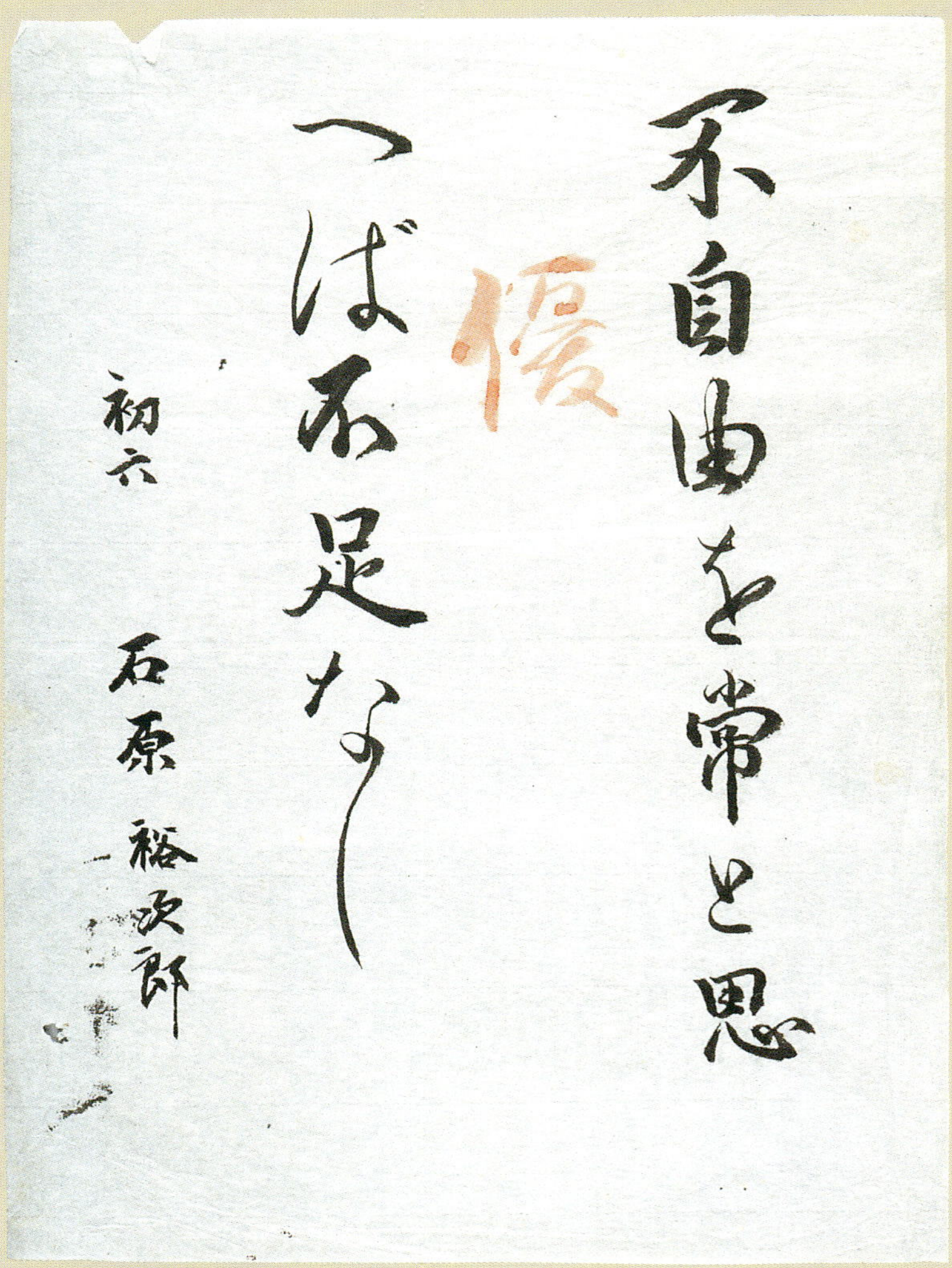

夫人はこの言葉を愛し額装にして飾った

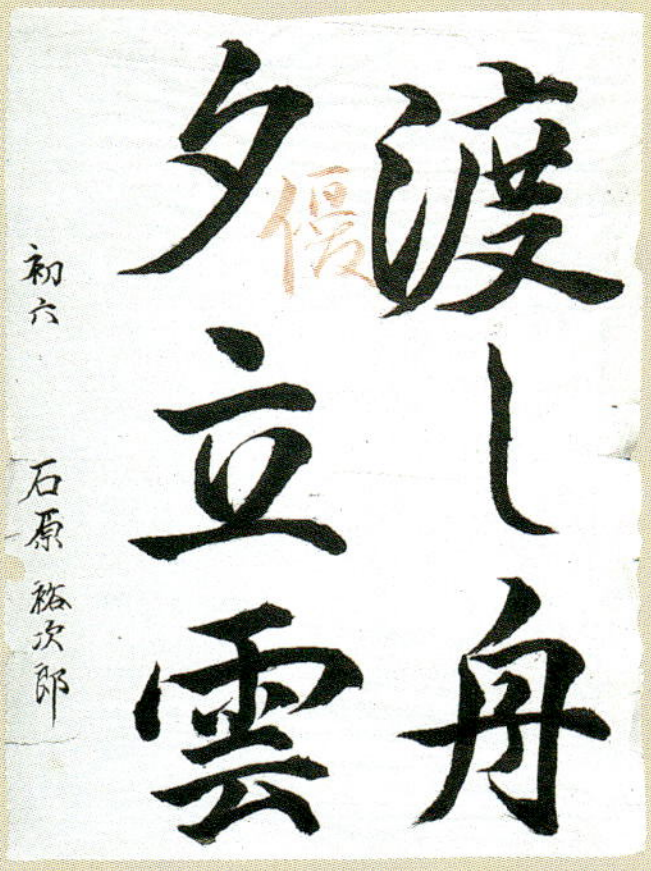

小学生の字に見えない

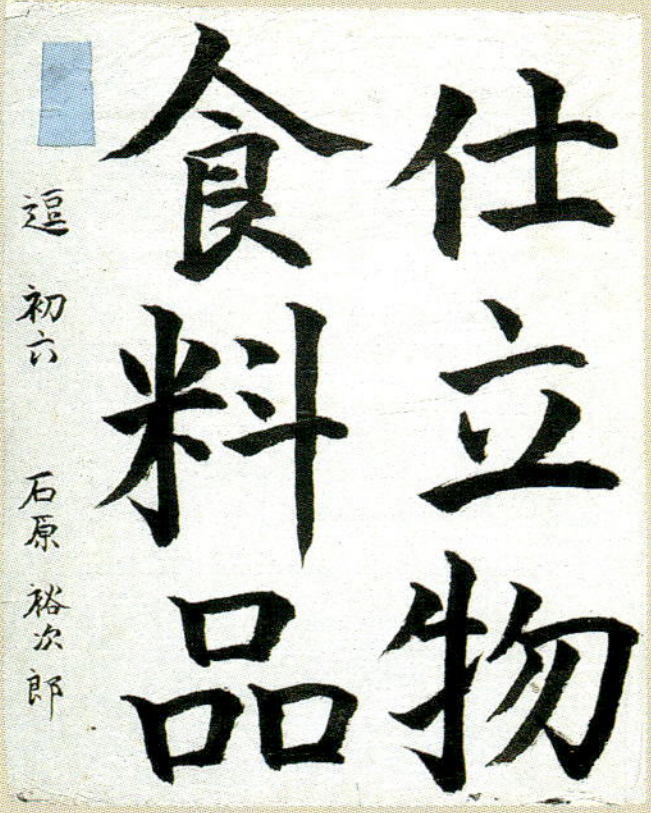

セピアの時代が匂う言葉だ

賞狀

入選　石原裕太郎

右ハ第壹回文化振興書道展ニ於テ其ノ作品ニ付キ審査ノ結果成績優秀ト認メ依テ頭書ノ賞ヲ授與ス

昭和二十一年九月二十二日

主催　横須賀市双葉書道研究會
後援　横須賀市文化協會
　　　横須賀市新生婦人會

小学校６年生、書道展で入選

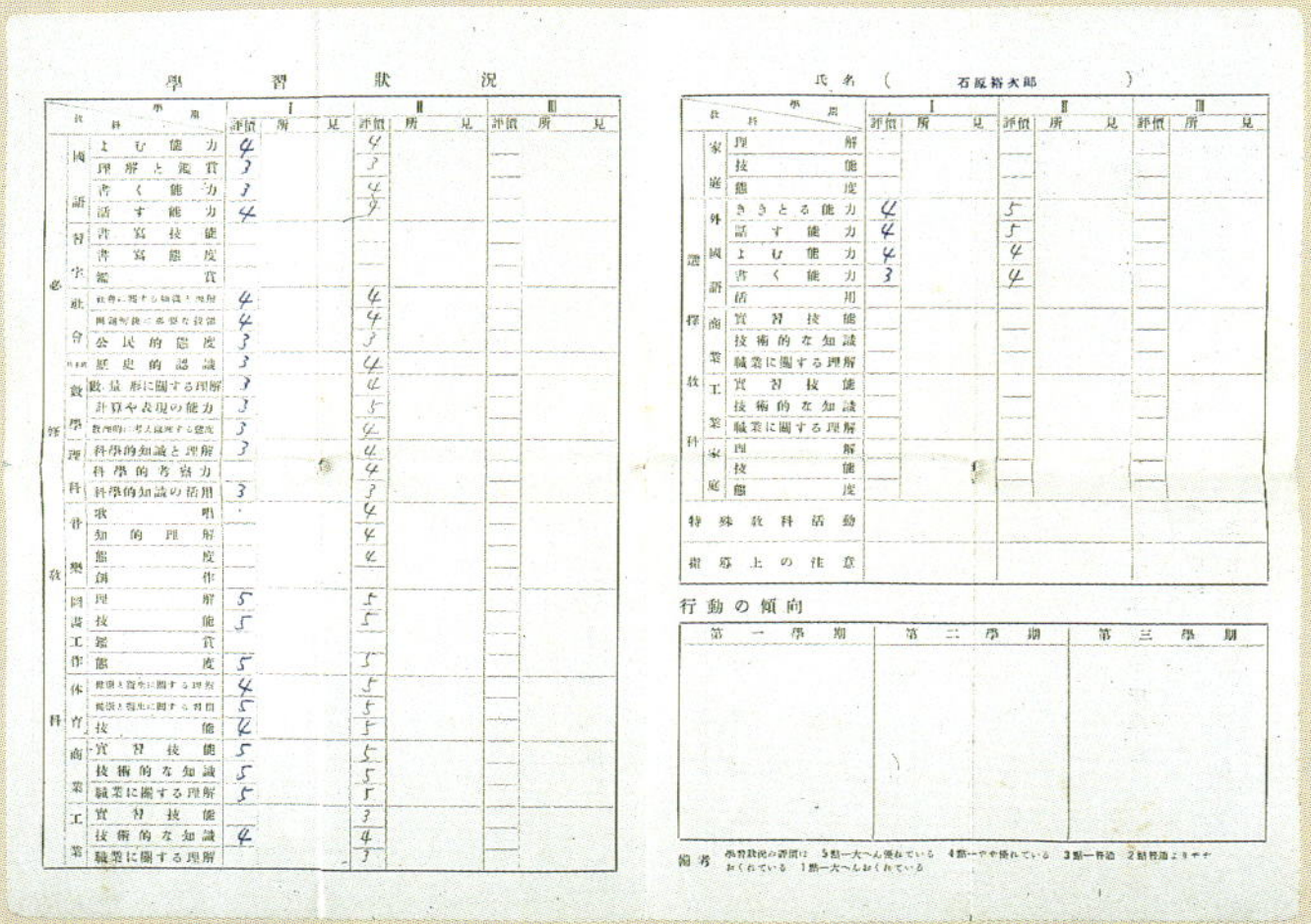

文科系の科目が得意だった

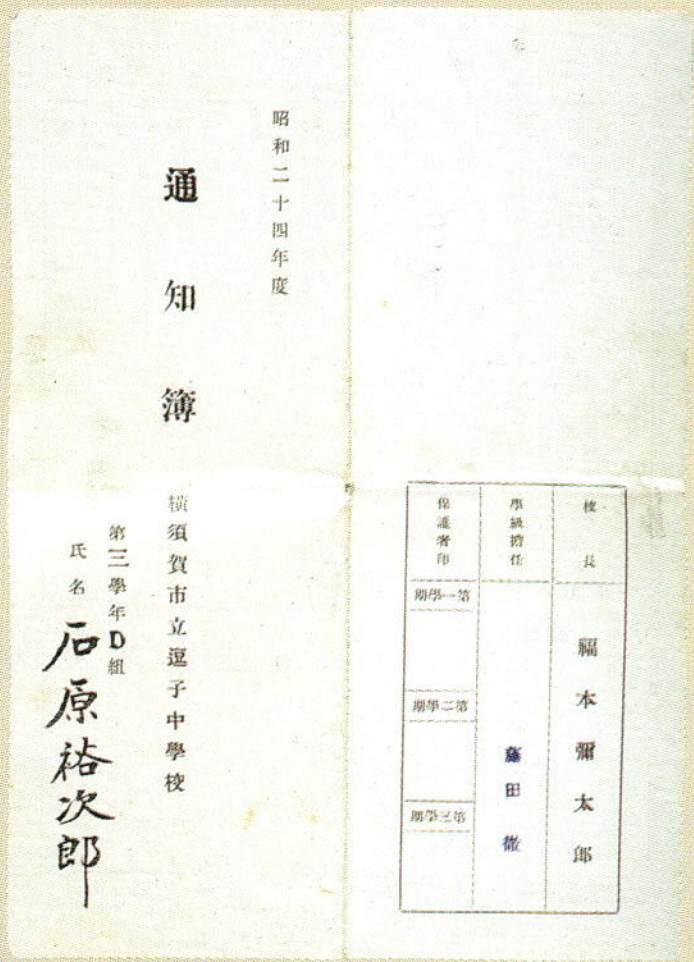

昭和二十四年度

通知簿

横須賀市立逗子中學校

第三學年D組

氏名　石原裕次郎

保護者印	學級擔任	校長
第一學期		
第二學期	藤田徹	纐本彌太郎
第三學期		

中学３年生のときの成績表

晩年の座右銘（自然に生きるという意味）

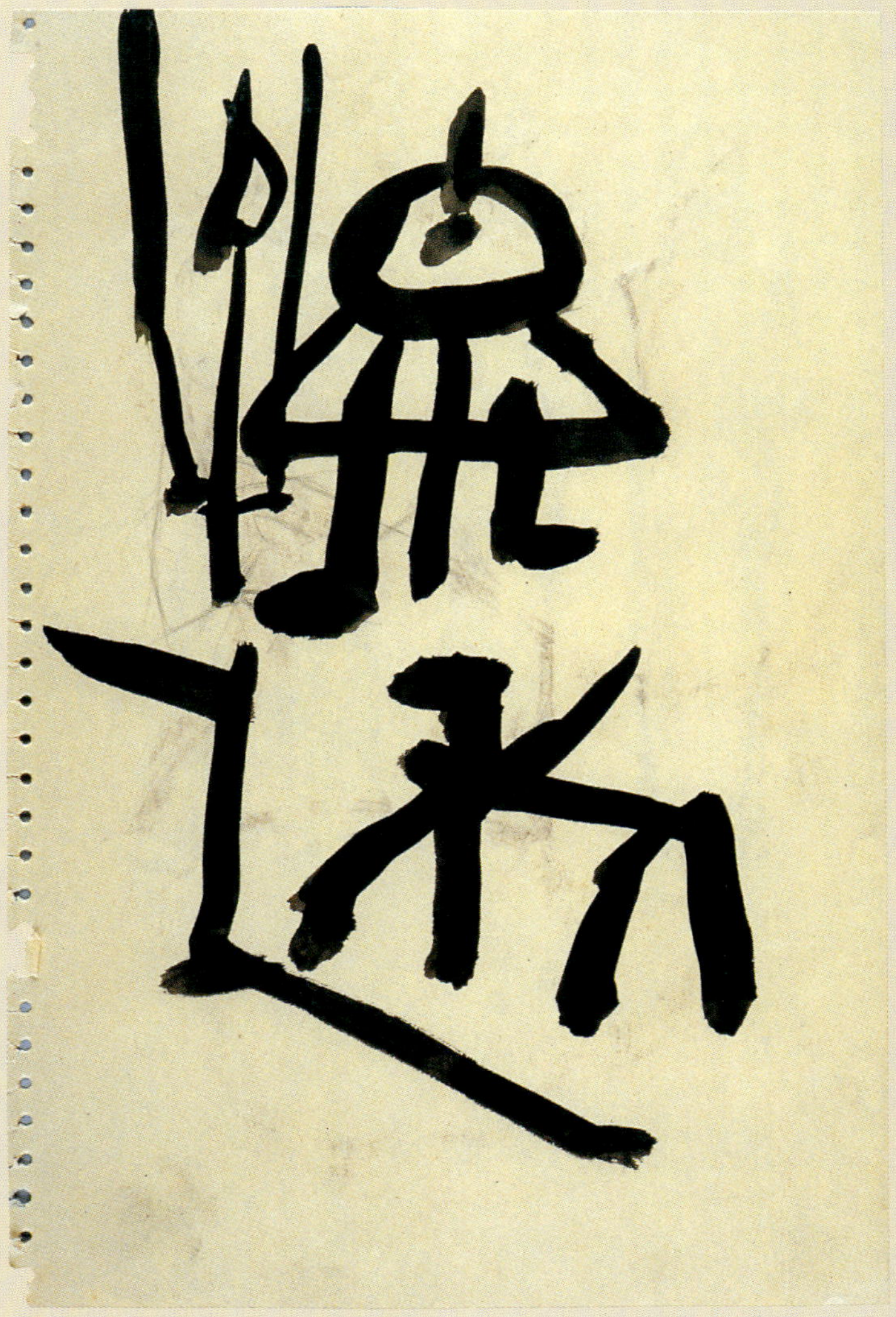

甲骨文字にも挑戦

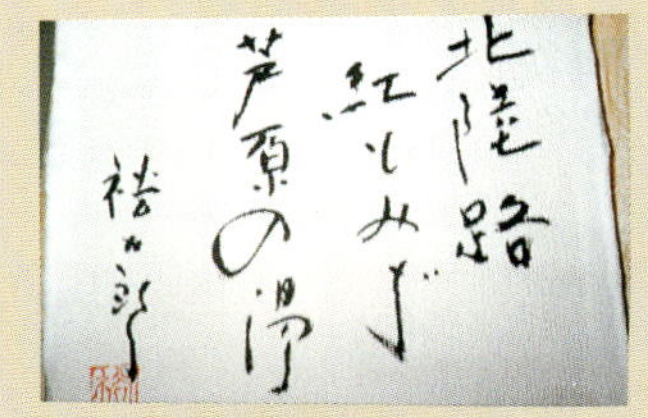

旅先で詠んだ俳句

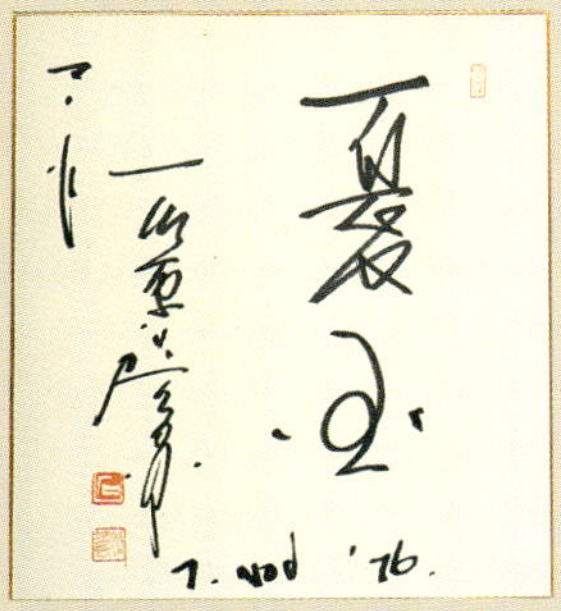

何故〝憂国〟と書いたのか？

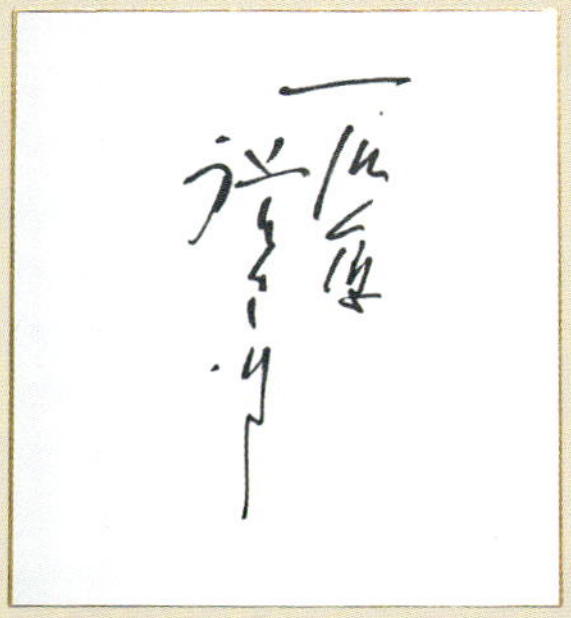

色紙にサインした

柔らかい裕の一文字

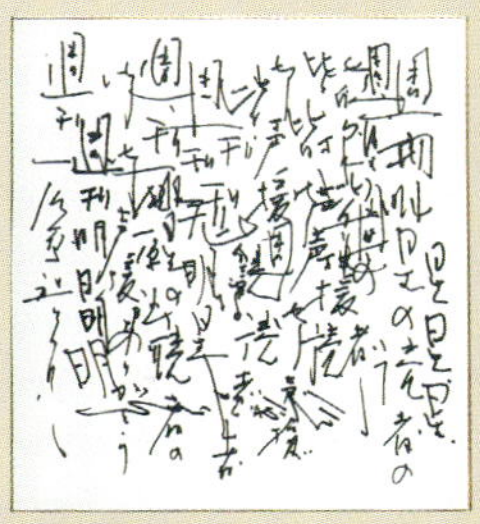

週刊明星に何を？

カメラの広告に使われた

幼年、少年時代の工作、絵画、書道そして晩年の書道、移りゆく季節の中で、変化していく裕次郎の心が見える。逗子中学三年生のときの成績表が残っている。文科系の成績が良く、美術、工作は優である五の採点がついている。体育も優と健康少年だったことを証明している。美術の才能は、東京芸術大学を志しながらも、家の反対で実践女学校(専門部)に進学した明治生れの母光子から受け継いだ。母光子は、小さいときから絵が好きで、将来は画家になることを夢見ていた、当時としてはとてもハイカラな考えの女性だった。その母の血をみごとに受け継いだ裕次郎。さらに晩年に書かれた『風《ふう》行《こう》草《そう》偃《ふ》』は、書道をこころえていた裕次郎が到着した侘《わび》の世界である。俳優としてデビューして間もない頃、撮影スタッフを撮ったモノクロの写真は、みごとにモノトーンを生かした作品に仕上げて、写真家としての才能さえ予感させてくれる。裕次郎の人間性を知る貴重な資料である。

［プライベートルームへ続く空間］

中３階の踊り場、ひまわりの造花が

裕次郎専用の洗面所。ピンクが可愛い

中３階のサウナ室と大理石の浴室

シャンプー、石鹸はそのままに

たいへんな風呂好きだった

病気のためサウナは一度も使うことがなかった

使用していた化粧品は同じ場所に

ガンバレの刺繍が入ったバスタオルも

中３階から３階へ上がる階段付近

下　寝室に飾った２人の思い出フォト

二人だけの時間

上　3階寝室、左が裕次郎のベッド　下　寝室の書斎コーナー

上　3階奥のドレッサールーム　下　2人だけの洗面所

歯ブラシは最後に使ったままに……

装う

上　カラフルなブリーフを好んだ

上　戦後間もない10代からTシャツを愛用　下　スポーツファッションも楽しんだ

上　下着類は自分で整理していた　下　生前のままに整然と

シャツケース。ライトカラーが多い

上　寒さを気づかいスラックスに工夫を

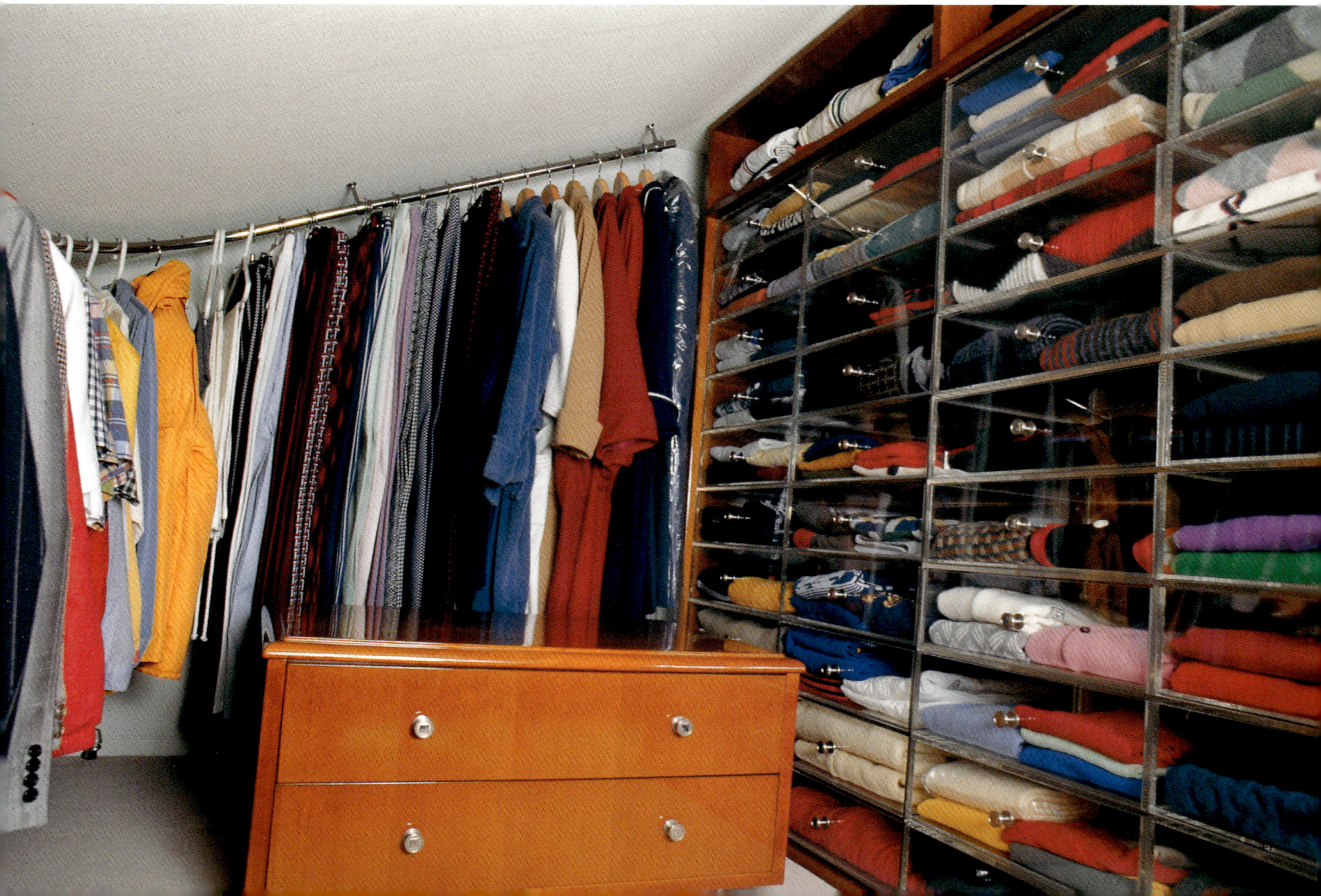

下　屋根裏を改造してガウン、セーターなどを収納

身長182センチ、ウエスト71センチ、股下85センチ。デビューした昭和31年、21歳の裕次郎のスリーサイズである。デビューから亡くなるまでの31年間、裕次郎の洋服は専属デザイナー遠藤千寿によって作られた。プライベート、仕事の洋服を含めると5000着余りになる。そのほとんどが裕次郎のデザインによって作られた。ワードローブのジャケット、スーツは裕次郎カラーで埋まり、味わい深い気品をかもしだしている。こうした裕次郎のファッションセンスは、時代に大きな影響を与え、ハイカラーのワイシャツ、襟の部分だけ柄のワイシャツ、ワンボタンのスーツ、斜めのポケットなどの流行を作った。生涯最後になった一着は、紺のヘリンボーンの三つ揃いで、病気のためついに着ることはなく、柩に納められて天国へ運ばれた。慶應大学時代に着ていた学生服は、いまも夫人が大事に保管している。学生服横のダスターコートも慶應時代のもので、当時、父潔にねだって12万円で買ってもらった高級品である

輝光いまだ肌の温もり

おもいきり装うときダリコインのセットで楽しんだ

メーキャップコーナーの引き出しの中から

夫妻ペアーの時計。結婚記念日に揃えた

『コレクション』
どちらかといえば、ボクはアクセサリーに凝るほうだ。

さまざまなアクセサリーから輝光が

ため息が出るような世界の一流品

TPOに応じてサングラスを選んだ

時を過ごす

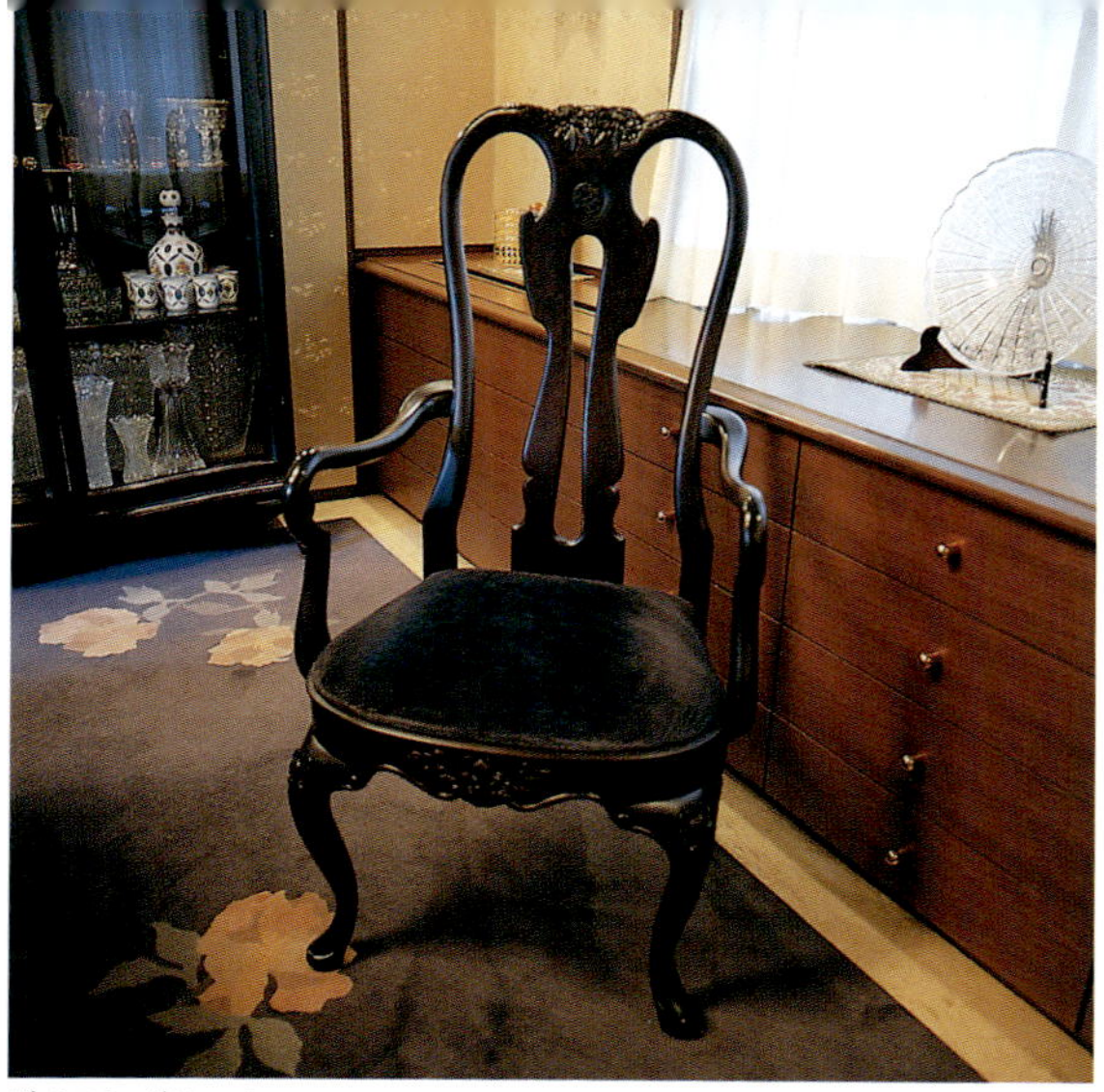
ダイニングルーム

1階の小応接

プレイルーム

石原邸には、さまざまな様子をした裕次郎専用の椅子がある。くつろぐとき、束の間のとき、それぞれの場所で、それぞれの椅子に腰掛けて、時を過ごしていた裕次郎。いちばんのお気に入りは、リビングのハイバックチェアーで、永く愛用したためか、頭があたる部分に、本人の整髪の油が染みついている。シミもすべて裕次郎のものだ。それが、臥床した裕次郎の姿と重なって映る。

石原家の家紋

玄関

中3階洗面所

プレイルーム

書斎コーナー

3階寝室

リビング

リビングのハイバックチェアー。椅子の中でもとくに気に入っていた

パネルに見えるスターの軌跡

屋根裏から整理して並べたパネル。さまざまな表情の裕次郎

夫人よりも長い付き合いのベンツ300SL ガルウィング

終りなき主従の関係

とくに後姿の美しさが気に入っていた

世界で６台しか現存していない

計器に記された走行距離も人生だった

若い頃夫人を乗せて青春を楽しんだ

ロールスロイスシルバースピリットは主に相応しい

裕次郎の席

成田山の交通安全のお守りも

ＴＶドラマ『西部警察』で愛用したガゼール

『栄光の5000キロ』のブルーバードもレストアされて

帆《はん》走《そう》・憧景《セピア》

裕次郎プライベートアルバムより

石原邸のプレイルームに眠っている裕次郎の個人アルバムは、じつに二百冊にものぼり、膨大な量のフォトが残されている。とくに無類のカメラ好きだった父潔は、裕次郎と、兄慎太郎の幼き日のスナップを、多く撮り残している。個人がカメラを持つのが珍しかった時代だけに、後姿、なにげない横顔を多く撮った潔の家族アルバムは、昭和初期の一家族を、みごとに写し出し、昭和史を語る貴重な資料にもなっている。写真好きだった父の影響を受け、裕次郎は、多くのフォトアルバムを残している。そこにはさまざまな表情の裕次郎がいる。少年から青年へ移り変る瞬間の、眩しいばかりの清冽な表情の裕次郎。フェイド・インされたレンズの向うに、大らかでいて逞しく、未来の夢をしっかりと抱き込んだ〝らしい〟裕次郎の顔。セピア色に変ってしまった愛蔵フォトだけど、時代の匂いを感じさせ、日本が最も元気だった頃の少年、青年の姿を、幾重にも発見できて、心がなごむ。

幼年時代・神戸から小樽へ

3歳、小樽の写真館で。胸のチーフが可愛い

昭和10年5月5日、生後5カ月で迎えた初節句

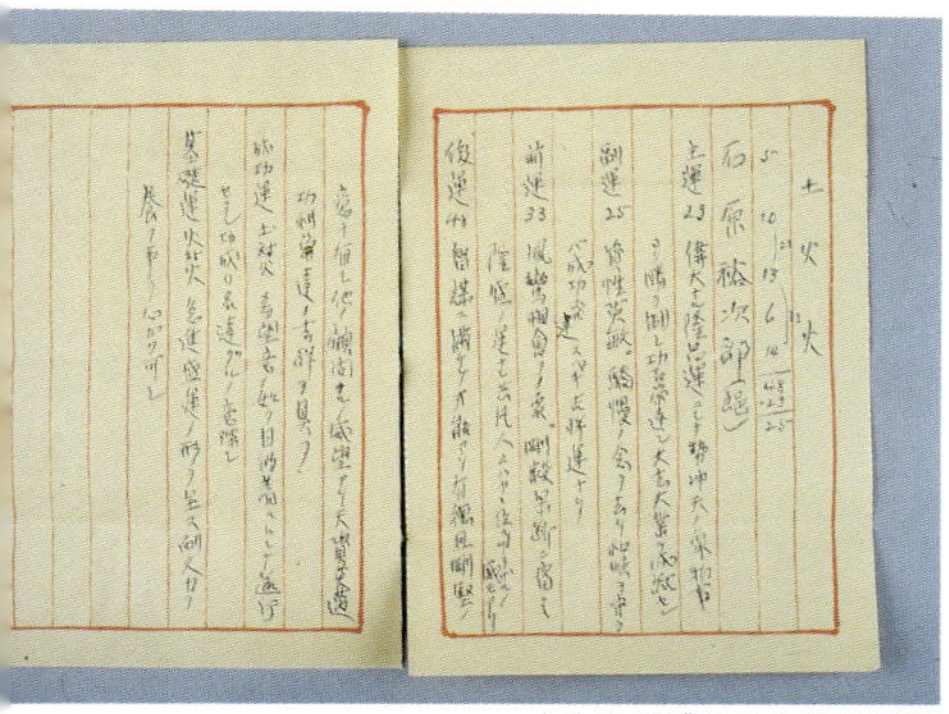

人生を予感させた姓名判断

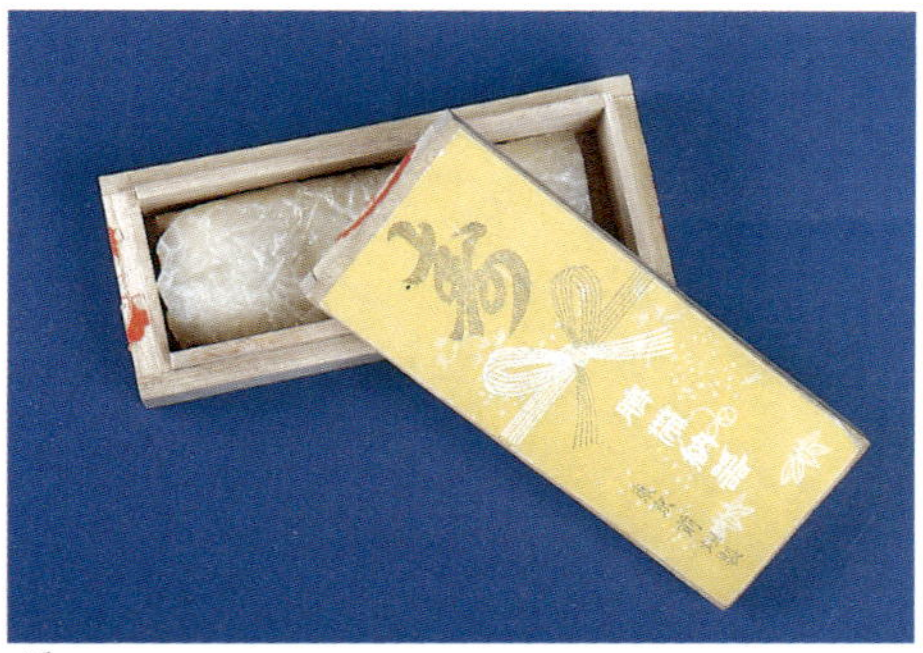

臍《へそ》の緒も大事に保存

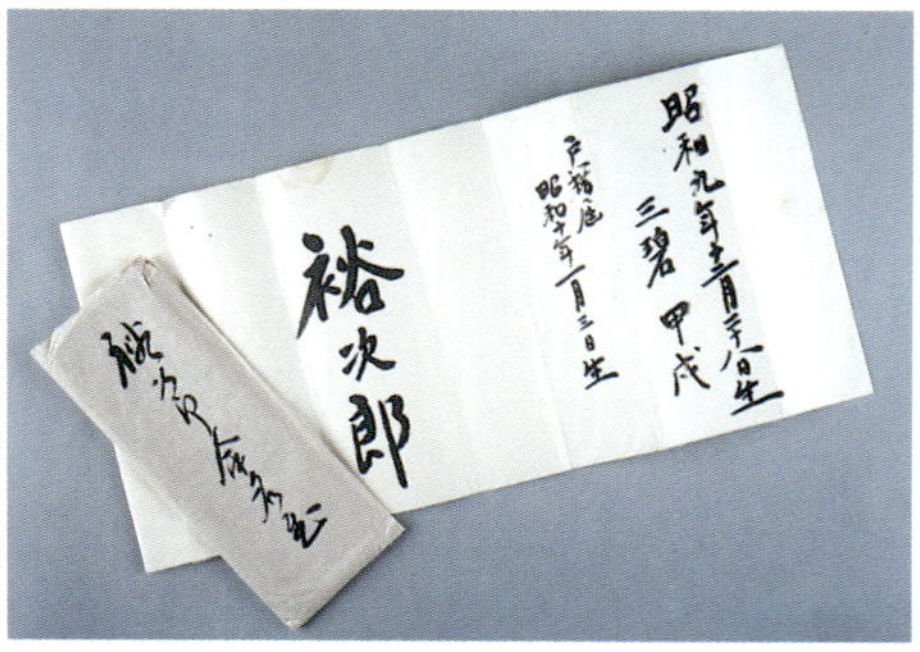

57年前に書かれた命名書

父潔、母光子の結婚式の晴れ姿

潤んだつぶらな瞳

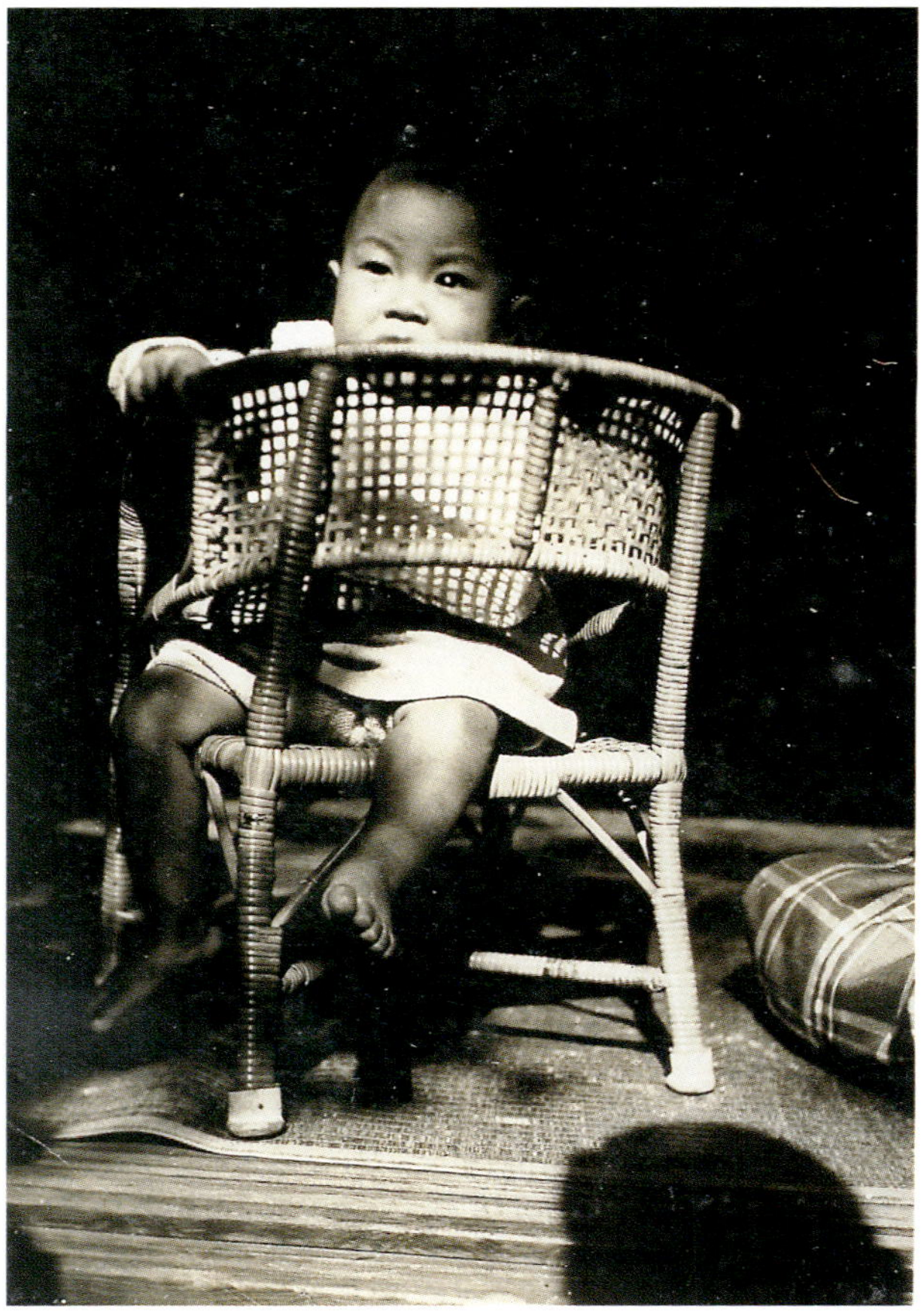

神戸須磨海岸にて兄慎太郎と

2歳、神戸時代。写真はいつも父が

右手前の家から3軒先の家までが裕次郎の生家だった

神戸、大手町で生まれた

小樽幼年時代兄弟は父からゴルフを教わった。右が裕次郎（『銭函ＣＣ』にて）

『**兄貴**』

兄貴はボクの**尊敬**する**人物**のひとりだ。
小さいときから、**遊**びのことでも、スポーツのことでも、
試験勉強のやりかたでも、**兄貴**のいうとおりやれば、
まず**間違**いというものがなかったから、
とうとう一**種**の**信仰**みたいになっちまって、
あいつのいうことはよくきいた。いまでもそうだ。

兄は２つ違いの弟を溺愛した

小樽天狗山スキー場で

父は兄弟のさまざまな姿を撮った

ダダをこねて泣く裕次郎が可愛い

『おやじ・おふくろ』

ボクはどちらかといえば、おやじっ子だった。
おやじが生きていれば、いまごろボクは船に乗っていたかもしれない。
いや、きっと海の男になって、おやじを喜ばせるのだったのに。
理想の女性は？ときかれると、ボクはいつも「おふくろのような人」と答える。
またシンソコからそう思っている。第一に頭がいい。家計のやりくりがうまい。
ボクからいうのもおかしなもんだが、子供のしつけが厳格でしかも上手だ。

右から２番目が裕次郎

5歳、黒ん坊大会。左から２番目

兵隊さんスタイルで遊ぶ

小学校入学の日に

我が息子裕次郎　母光子

わが家は、山下汽船に勤めていた夫の任地の関係で、結婚して二人の子どもが生まれたのは神戸でしたが、その後、小樽、逗子と住まいが変わりました。どこも、すべて海の見えるところばかり、しかも山もあるという、豊かな自然の環境に恵まれ、子どもたちのためにも、ほんとうによかったと思います。

子どもたちがスキーを覚えたのも、小樽でのことです。休みの日になると、父親が二人を誘って、三人でよくスキーに出かけたものです。雪のないときでも、おにぎりなどを持って、朝から夕方ごろまで、三人で近くの山を歩きまわったりしていました。

小樽で撮った家族の肖像

少年時代・逗子の町で

中学２年14歳、裕次郎の青春が始まった

『スポーツ』
ボクが手放しで自慢できるのは、スポーツぐらいのものかもしれない。
バスケットは、いわば本職みたいなものだったし、これには触れたくない。
スキー。これもちょっとうるさい。
北海道で小学校二年から三年かけて、回転の選手だった。
水泳。逗子にいた頃は、毎年五月から十月までほとんど海につかりっ放しだった。
ボクにとっては地べたの上を歩くのとあまり変りはない。

9歳、小樽から逗子の町へ引越してきた

裕次郎がヨットを楽しんだ森戸の海。いまも若者が変らず

少年、青年時代を過ごした葉山の自宅

15歳、逗子中学のバスケット選手として活躍。右上が裕次郎

我が息子裕次郎　母光子

どの家庭でもそうでしょうが、子どもというものはおもしろいもので、同じ兄弟でも、ずいぶん個性の違うことがあります。私どもの場合は、兄のほうは素直な順応性をもち、弟の裕次郎は、反逆的といいますか、小さいときから、自分の思うことはどうしても通してしまう、というところがありました。

裕次郎は、とにかく束縛されることが大嫌い、何でも自分の意志を通さないと気がすまないといった性格の子でした。

しかし、私はそのような裕次郎を見て、将来が不安だなどと感じたことは一度もありません。むしろ、意志が強く逞しい人間になるのではないか、と内心感じていたほどです。

中学からバスケットに熱中、将来はオリンピックを夢みた

御用邸がある逗子葉山町は、豊饒な海と美しい渚を持ち、古くから海浜の町として東京人に親しまれてきた。鎌倉に近い地理的要素が多くの文化人に愛され、インテリジェンスの匂いを漂わせる町でもあった。戦後は、リゾート地としてアメリカ兵の家族が多く訪れることによって、最新のアメリカ文化が流入し、新旧のモラルが音をたてて混血した。いつも若者は時代に敏感で、新しい文化を体得する。アメリカ文化の氾濫に眉を曇らせていた大人と違って、若者は眩しい時代の息吹をすぐに体現した。山下汽船の重役の息子だった裕次郎もそのひとりだった。友人に御用邸に出入りできる旧家の旅館の子息、大会社の社長子息などが集まる。逗子中学から慶應高校にかけて、急速に身体が大きくなった裕次郎は、またたく間に、その人間的魅力と体軀のすばらしさでリーダーになった。軟派ではなく硬派の海の男として……。それが後に『太陽族』のモデルとなった元祖会である。

慶應高校1年、アルバムの添え書きが楽しい

裕次郎の顔が少年から少しずつ青年の顔に……

我が息子裕次郎　母光子

裕次郎は、小さい頃から私が手とり足とり教えていたにもかかわらず、あまり勉強が好きにはなれなかったようです。

しかし、それでは頭が悪いのかといったら、親の私がいうのもなんですけれど、けっしてそうではありません。細かいことによく気がつき、観察力や記憶力が抜群でしたので、勉強もやればちゃんとできるのです。だけど、自分がその気にならないと、絶対にやらない。そこが、いやなことはやらないという「自由人」としての彼のおもしろいところだったと、私は思います。

アルバムは驚くほど几帳面に整理されている

慶應ボーイの面目躍如、夢は船乗り

『逗子の海』

よしずの仮小屋が海岸からなくなった、その頃の海がいいね、
九月の北から吹いてくる風に、センターボード上げて、
岸をなめるように、いわゆる逆ヒールさせて走るわけだ。
ヒタヒタ、ヒタヒタって、逗子の湾を行ったり来たりする……
今でもキューンと胸にくるね。これからはちょっとできないだろうな。

青年時代・海への憧れ

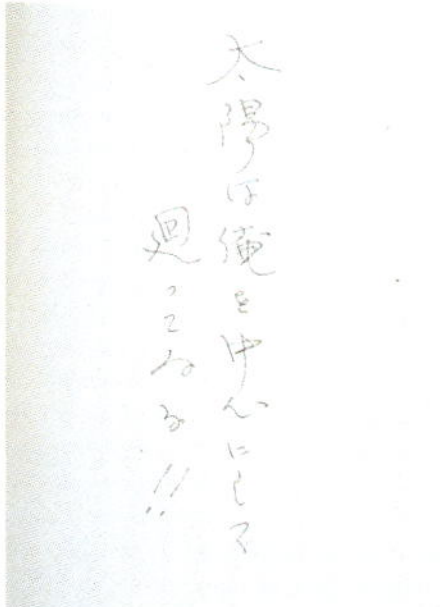

アルバムの扉にあった自作タイトル

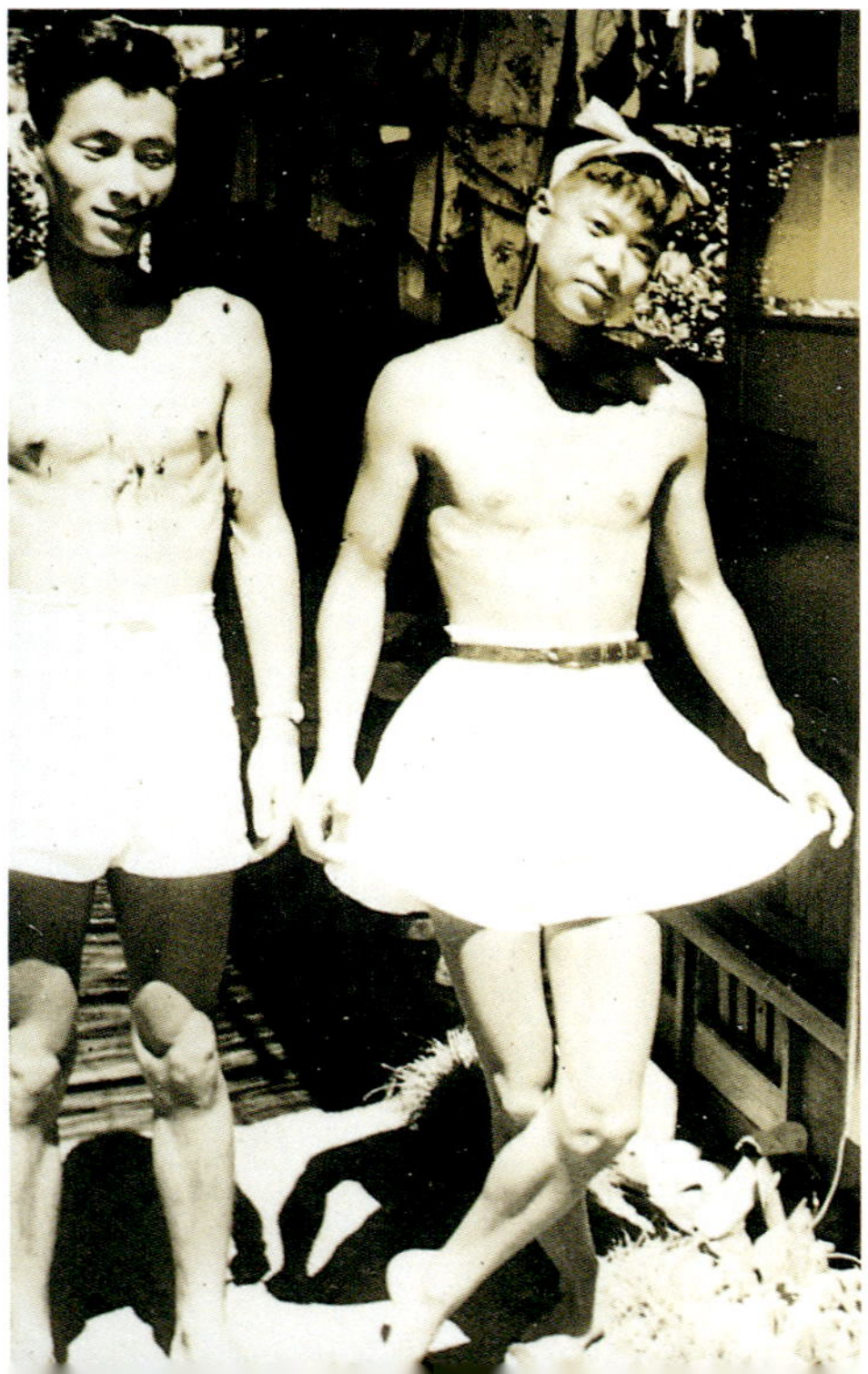

上　19歳、すでにスターの雰囲気が　　下　憂いを含んだ少年と青年の顔　　左下　学園祭で女性の格好をしてポーズ

我が息子裕次郎　母光子

裕次郎が高校生のとき、遊びまわっていた時期がありました。家にもあまり帰らず、友だちの家を泊まり歩いて、マージャンをしたり、お酒を飲んだり……。世間の言葉でいえば、ぐれたわけです。

このときは、大好きだった父親が亡くなったり、全日本の選手になれそうなくらい熱中していたバスケットボールも、膝のケガのために挫折したりと、若い裕次郎には大きなショックを受けることがたてつづけに起こりましたから、心のキズも深かったと思います。ですから、私としても、いちがいに裕次郎を責める気にもなれませんでした。

とても純粋で、繊細な裕次郎だけに、そうした苦しみを発散させるために、遊びまわらずにはいられなかったのでしょう。

17歳、慶應高時代練習中に左足骨折（後列右が裕次郎）

昭和26年10月15日、敬愛する父が52歳の若さで急死、人生に挫折（左から３番目）

慶應日吉校舎で級友と（右）

野球の助っ人のアルバイトも（左）

ヘア・スタイルがいまの時代の少年と変らない（右）

『オシャレ』
アロハ、ポロシャツ、セーターといったたぐいが、ボクの皮膚にはぴったりする。
背広を着るならノウタイがいい。
「地味な生地で派手なデザイン」というのがボクのモットーだ。
色は紺系統のミックス調、チャコール調、茶系統などが好きだ。

バスケットを断念した後ヨットに夢中

「スタイルは良好、モデルばり」アルバムの添え書き

オシャレセンスがすばらしい

いまでも新しいファッション

後の『青年の樹』を連想させる

自宅庭で、肉体美を披露

操縦はプロ級だった

生まれ故郷、神戸の街を旅行した

母光子と旅行したスナップ、添え書きが裕次郎の性格を表わしていて楽しい

スタイル良好、まさにそのとおり

裕次郎19歳の誕生日を友人たちと祝う

友人宅で。〝ミスタートレンチ〟と呼ばれ横須賀線の女子学生の憧れの的だった裕次郎

綺《き》羅《ら》星《ぼし》・千《せん》古《こ》不《ふ》易《えき》

芥川賞作家兄慎太郎の『太陽の季節』の映画化、憧れの大スター北原三枝との『狂った果実』の共演プランが「慶應大学を卒業したら父と同じ海の男になりたい」という夢を凌駕《りょうが》してしまう結果となった。身長百八十二センチ、股下八十五センチ、アロハが似合い葉山の町で育った不良っぽくて、それでいて知的な匂いを身体中から振りまく裕次郎の登場は、戦後の飢餓感からようやく解放された時代の若者に圧倒的な影響を与え〝太陽族〟という流行語まで作った。文芸路線からアクション、そして歌と〝裕次郎ブーム〟は時代を鮮かに駆け抜けていき、昭和の三つの世代のファンが裕次郎を心に共有した。デビューした三十年代の若者の代表、『黒部の太陽』『栄光の5000キロ』によって高度成長時代の背負い手の代表、そして『太陽にほえろ』『西部警察』で見せた勁《つよ》いボスから結びつく理想の父親の代表。それによって裕次郎は〝日本人が最も愛したスター〟として、最後までファンの心の中に輝光し続けた。

スター裕次郎

ダッフルコートに葉巻、裕次郎が走る！

『慎太郎刈り』
あのヘア・スタイルは、兄貴よりも俺のほうが先にやってたんだ。
慶應高校に進学して、中学からやっていたバスケットを続けたわけだけど、
高校生にもなって坊主頭じゃみっともない。
それで、みんなでスポーツマンらしい
さわやかな髪にするには、どうしたらいいか考えたわけ。
側頭部を短くして、前髪をやや長めにしたら格好がつくんじゃないかと思って、
できたヘア・スタイルがあの〝慎太郎刈り〟だったわけだ。

女優北原三枝の存在が大きかった芸能界入り

マルベル堂で作ったブロマイドは324種類

逗子の男から日本を代表する男に

不良っぽい役、文芸路線などをみごとに演じた

人前での歌は苦手だった

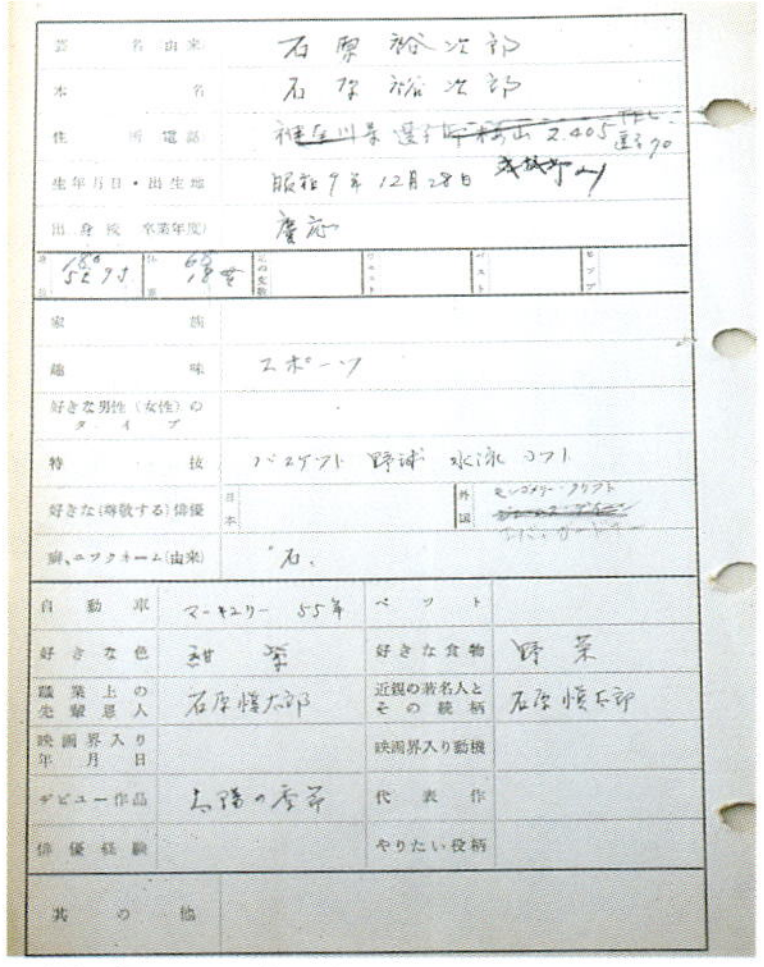

芸名（由来）	石原裕次郎		
本名	石原裕次郎		
住所 電話	[illegible]		
生年月日・出生地	昭和9年12月28日 [illegible]		
出身校（卒業年度）	慶応		
家族			
趣味	スポーツ		
好きな男性（女性）のタイプ			
特技	バスケット 野球 水泳 ヨット		
好きな（尊敬する）俳優	日本	外国	モンゴメリー・クリフト
愛称、ニックネーム（由来）	"石"		
自動車	マーキュリー 55年	ペット	
好きな色	紺 茶	好きな食物	野菜
職業上の先輩恩人	石原慎太郎	近親の著名人とその続柄	石原慎太郎
映画界入り年月日		映画界入り動機	
デビュー作品	太陽の季節	代表作	
俳優経験		やりたい役柄	
其の他			

日活へ提出した身上書

リングで『嵐を呼ぶ男』を歌ったことも

元祖、追っかけアイドル!?

愛車ベンツ300SLガルーンの前で

撮影所は女学生のファンで埋った

幼い子にもやさしかった

いくつになっても少年っぽさを忘れなかった

『愛読者』
ボクの好きなのは、やはり小説だ。
いちばん愛読しているのは、ヘミングウェイの作品だ。
『キリマンジャロの雪』『誰がために鐘は鳴る』
『日はまた昇る』『老人と海』『持つものと持たざるもの』など。
ヘミングウェイが好きな理由のもう一つは、
彼が海を愛し、海を生き生きと描き出してくれることだ。

故美空ひばりさんと。２人は昭和を代表した

若き日の裕次郎と長島茂雄、時代を走った超スーパースター

世界のプレスリーよりも大きい

１丁目の自宅、昔から変わらない裕次郎のポーズ

ハリーベラフォンテ夫妻と成城１丁目の自宅で記念撮影

スポーツはすべてに万能

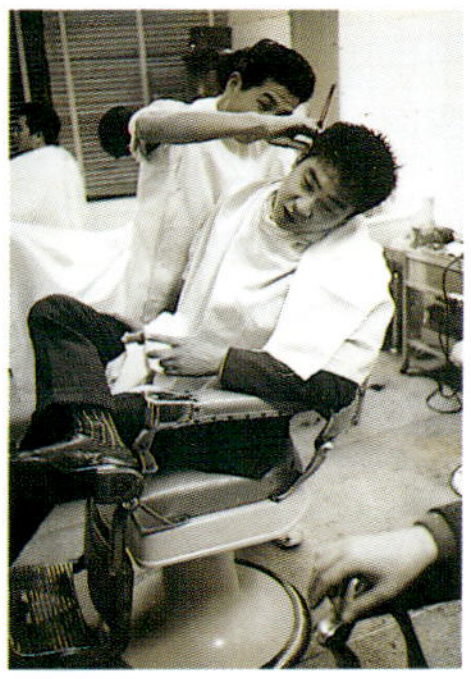

撮影の合い間に床屋で

故高峰三枝子さんと欧州ロケ地で

出会い

『**好きな女**』

ボクは、ゴテゴテとお化粧したり、
トップモードの服をバンと着飾ったりしている女はきらいだ。
ボクの好きな女の子というのは、古いいい方だが、
すれ違ったときに、洗いたての石鹸の匂いを感じる、清潔なひと。

裕次郎21歳、北原三枝22歳、２人の青春が始まった

神が与えた運命の出会い

『狂った果実』の初スチール

『狂った果実』葉山・長者ケ崎ロケ、恋のはじまり

私しか知らない素顔の裕さん　石原まき子

裕さんとの出会いは、昭和三十一年四月十四日、日活撮影所でプロデューサーの水の江滝子さんから紹介されたのが最初です。

「はじめまして、北原三枝です」

「あ、どうも、石原裕次郎です」

それだけで、サッサと行ってしまった裕さん。後で、裕さんが〝私のファンであった〟こと、映画界入りも〝私に会えるから決心した〟ということをどなたかからお聞きしました。

短い挨拶だけでしたが、長い足、大きな背中がとても印象的で、これまで見たことのない俳優として新鮮に映りました。

数日後『狂った果実』の共演が決まり、クランクイン。いきなりキスシーンからスタートしましたが、それまでに聞いていた〝太陽族〟のイメージにはほど遠く、口では「いくよ!」なんていっておきながら、ガタ〳〵震えてしまい、なかなかOKが出なかったことを憶えています。「ああ、この人は他の人がいっているような不良でもなんでもなく、純情でナイーブな人なんだ」と改めてその人柄に好感を持ちました。

私が二十二歳、裕さんが二十一歳の日のことです。

そんな裕さんに惹かれていったのは『狂った果実』の後半くらいからだったと思います。裕さんは毎日のように電話をよこしてきました。仲間を交えてのデートや、二人っきりのデートを楽しむようになったのは、その年の夏が始まった頃からでした。

仕事の後、二人だけで多摩川の土手に座って、星を見ながら将来の夢を語り合ったり、私の自宅近くの都立大付近でデートをしたりしました。近くの神社で

「ボクの結婚式は、こういう小さな神社で二人だけで挙げるのが夢!」

そう私に語りかけたことが、つい昨日のように思い出されます。

性来のテレ性がそうさせたのでしょうか、プロポーズらしい言葉はなく、しいてあげますと〝自分が家庭を持ったら子供は何人〟とテレながら下を向いて話したのが、それらしい言葉だったのかもしれません。

裕さんからのたくさんのラブレターは、私の一生の宝物として大事に仕舞っています。

この中に、裕さんの香り、匂いがすべて青春色のまま残っているのですから……。

裕さんと真剣に愛し合うようになってから日活が慌てましたが、二人の結婚の意志は固く、アメリカへの恋の逃避行や、裕さんの第二の故郷、小樽への旅行を通じて、増々絆を強くしていったのです。

最初は私の両親は反対しましたが、男らしく礼儀正しい素顔の裕さんを知ったために、嫁ぐことを許してくれたのです。

昭和三十五年十二月二日、有楽町にあった日活ホテルにおいて、晴れてふたりは結婚式を挙げました。

裕さんと出会って四年目の吉日です。

結婚にあたって、裕さんはこういいました。

「朝帰りしてもガタガタいうな、どんなことがあってもガタガタいうな、男の付き合いは大切だ! それに永い人生を一緒に歩いていく最低のルールとして、それぞれにきた郵便物は勝手に封を切らない。机の引き出しは開けない」

スター裕次郎としての付き合いと、個人としてのプライバシーを尊重してほしいという気持ちから、そういったのでしょう。

私は、承諾しました。

そして、結婚と同時に、私は映画界を引退。周囲はその決心の早さに驚いた様子でしたが、女優と妻のかけもちはできません。

ましてや、スター裕次郎に安心して仕事に打ち込んでもらうためには、二足のワラジははけません。

本当に、女優には未練はありませんでした。

これは、自分の意志で決めたことなのです。

女優、北原三枝への恋文

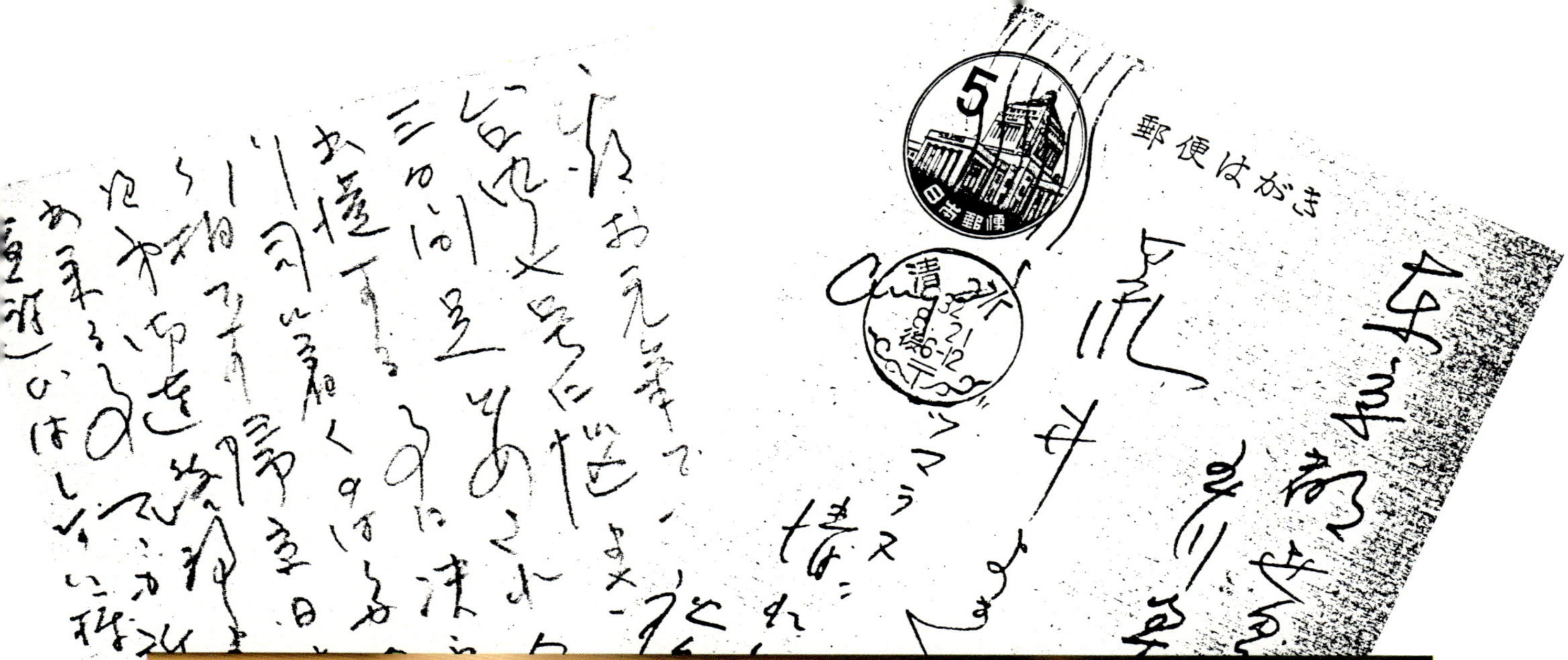

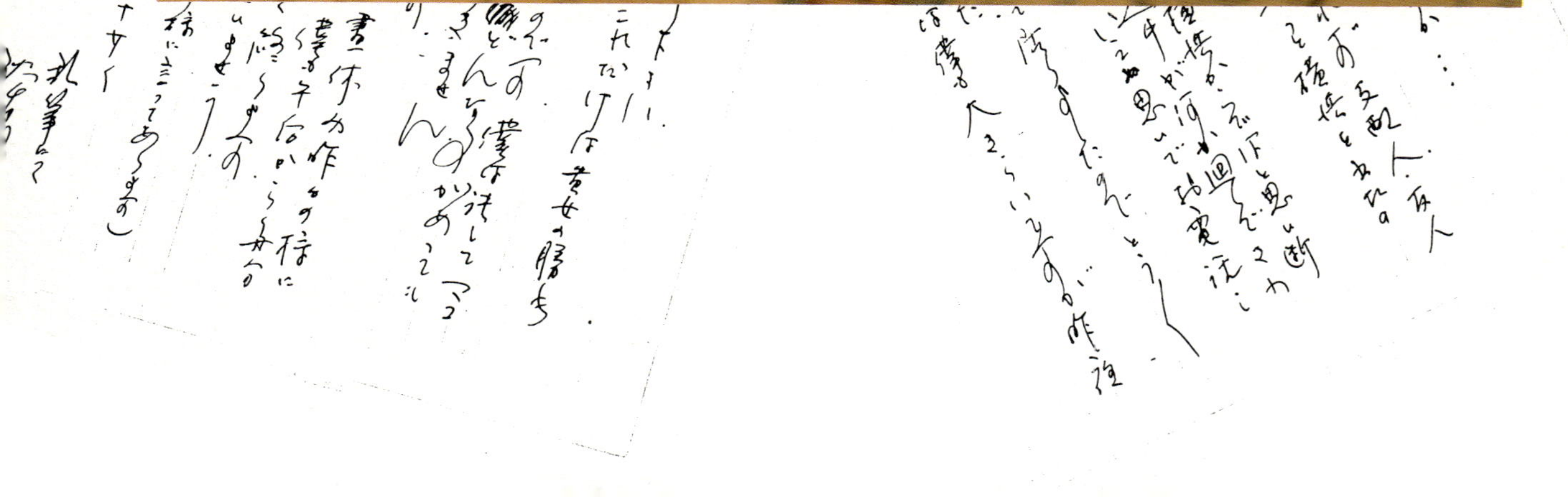

僕だけの〱のマコ、ハーイ〱

こんな冷い戦争もういやです。

僕は本心でさっきマコにあやまった積りなのに……。

昼ゴハンの時は確に〱僕が悪かったのです。

昨日からあんなに心配かけておきながら、あんな事言って我儘ばかりゴメンナサイ。

マコが来て、ラジオ聞いている間、マコの部屋でお風呂に入りいまくるか〱と待ってましたが、とう〱来なかった。

部屋に帰ってマコの本ずっと〱見てました。無性に淋しくなって、ビール一本のみました。

そして、マコと僕の唄誰もいなかったので大声で何曲も……何回も唄いました。

でもマコは来なかった。マコがおひる泣いた様に僕も少し泣きました。唄って〱唄いながら泣きました。

何んでこんなにならなければならないの？

皆々僕が悪いのですね？　僕は大バカ者!!

マコの気持わかりすぎる程わかってるの……

だから我儘ばかり言うんだ!!

逢いたくて〱とせうがない。しめ殺す程抱きしめたいけど僕の足がマコの部屋に向かないの……。

一人ぽっちで燃えしきるダンロの火とニラメッコ……塩っぱい涙が口に這入って来ると……　泣いだマコの目にキスした味を想い出す。

僕達程いや僕程幸せ者はどこさがしたっていやしないね、大好き〱、〱、〱、マコ今何してるの……。

僕と同じ事考えているの？淋しい？悲しい？一人でいると何んだか大声でどなりたくなる様な変な気持。

昨日までのマコとの楽しい〱想い出一つ一つ想い出して慰さめてんだ……。

僕はもう泣かない……。マコも泣かないで……二人一緒でなくても、何時も〱お互の事しか考えてないんだもん。マコの事で皆んな〱一杯!!

マコ麻雀なんかしないで早く寝て下さい。

麻雀やっても僕の死に神がつきますヨ。

仕事が終って皆んなが寝静まってから時間を見てマコの所へ行きます。

カギはかけないで置いて下さい、必ず、必ず必ずね。

その時だったら、マコにすなおにあやまる事出来ます。

ハーイ〱〱

わがままなマコの僕より

僕のマコ・ハーイ、〱

昨夜は何んとあやまってよいのか……

何んとも申しわけありません。

あの電話後どうしても抜けられず支配人・友人等が酔いつぶれる迄居てやっと横浜を出たのが二時半でした。

一時半のお約束の電話も横浜からではと思い断念致しました。

又酔った連中が何か廻りでさわぐのも可能なので何んともいえぬ思いでお電話しなかった次第です。

又帰ったのも三時少々廻って居りましたのでとう〱涙をのんでやめました。

べんかいがましい事は僕は大きらいですが昨夜の僕の気持も御理解下さい。

マコがどう解釈し様と、これだけは貴女の勝ちです・・・

でも絶対に信じて頂きたいのです。

僕は決してマコの他に誰のものでもないのです。

どんな事があっても、僕は絶対どこえも決して行きません。

何時迄もマコの傍に居ります。

もし気がやすまったならお昼休み昨日の様に帰宅の時間おしらせ下さい。僕も午后から多分撮影所へ参ります。

僕は早く終ります。

マコが早かったら成城で逢いませう。

お電話待っています（お姉様に言ってあります）

オヤスミナサイ

乱筆にて、

十八日朝記

裕次郎拝

お電話切ったすぐ後ペンを取って居ります。

雑誌の原稿の方は途中ですが明日に廻す事にしました。

だって本当に短かい時間ではありますが、僕にとって一日で一番楽しい嬉しい時が電話でマコちゃんとお話する事なんです。

勿論逢ってる時は言う迄もなく最高……

だから僕は電話は切れてもその楽しい一瞬の想い出をキープする事につとめます。

先ず例のサム・ティラーのレコードをうんと小さな音にしてかけます。聞きながらマコちゃんと今電話で話した事、思い浮かべてくり返すんです。

するとだん〱想い出は広ろがって行き綱をたぐる様に絶えません……　是非やってごらんなさい？

今サム・ティラー君がかなでてくれる曲は大好きなAs time goes byです。胸が痛くなるって本当ですね。オカシナもんだナ？

このレコードは寝る前必ず一回全部かけるようになっています。

それが終って初めて僕の一日が幕と言う訳・・・・

少女趣味だナー僕は……

マコちゃんはなぜ手紙書いて呉ないんですか？

お手数でせうがもし、御迷惑でなかったら？下さいね。

レコードの方も、もう裏面のThe Very Thought of Youです。後五、六分で僕の一日も終わる訳です。

今晩はよくばってマコちゃんの夢でも見よう・・・・

結構ケンカでノサレタ夢でも見るんじゃないかナ？イヤダナー

じゃ僕の大好きな僕のマコちゃんオヤスミ!!ハーイ・・・・

僕も・・・

お会い出来る日楽しみにしています・・・・

サヨウナラ

裕次郎拝

マコちゃんへ

『結婚』
俺は『君の名は』以来、カミさんのファンになっちまったんだ。
初対面の第一印象は、やっぱり思った通りの清純な人だなっていう感じだった。
そのとき、相手は二十二歳で俺は二十一歳。
カミさんと何となくコンビになって、
結局、二十二本ぐらいコンビとして撮ったんじゃないかな。
その内、俺自身も北原三枝と一緒になるかもしれないと予感を持ったりした。

昭和35年12月2日、日活ホテルで挙式

我が息子裕次郎　母光子

裕次郎も太陽族などといわれておりましたが、結婚に対する考え方は夫に似て、古風なところがありました。ですから、マコちゃんも結婚するとサッと引退したのでしょう。

私はとくに聞いていませんでしたが、引退のことは、結婚するまえからふたりで決めていたようでした。

このときは、世間も驚きました。いまの若い人たちはご存じないかもしれませんが、北原三枝（マコちゃんの芸名）といえば、当時は日活の大スターです。裕次郎も、マコちゃんにあこがれていて、彼女に会えるならと、映画の世界にはいったふしもあるように聞いております。

旅行は堂々と楽しんだ

周囲の反対を押し切り純愛を貫いた

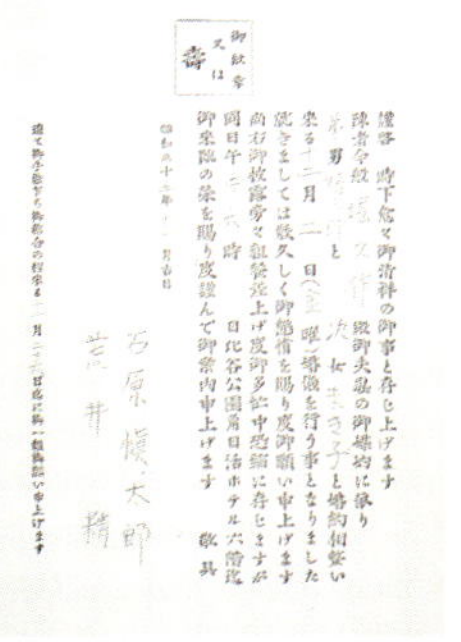

御紋章又は壽

謹啓　時下愈々御清祥の御事と存じ上げます
陳者今般　　　殿御夫妻の御媒酌に依り
　男　　　と　　女　　と婚約相整い
来る十二月二日（土曜）婚儀を行う事となりました
就きましては幾久しく御懇情を賜り度御願い申上げます
尚右御披露旁々粗餐差上げ度御多忙中恐縮に存じますが
同日午　　時　　日比谷公園前日活ホテル六階迄
御来臨の栄を賜り度謹んで御案内申上げます　敬具
昭和三十五年十一月吉日
石原慎太郎
荒井精
追て御手数乍ら御都合の程を十一月　　日迄に御一報願い申上げます

石原家、荒井家の結婚案内状

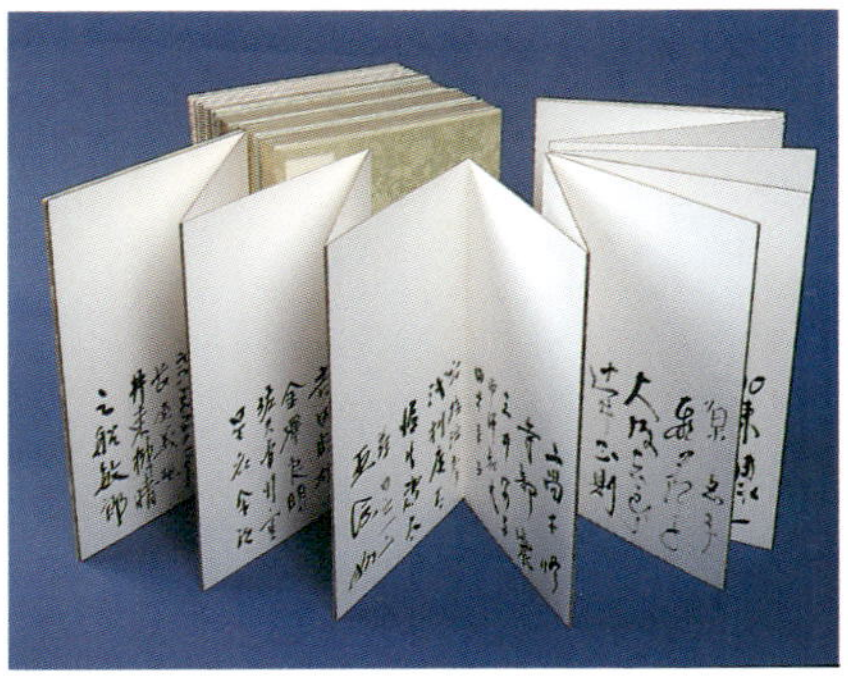

思い出の結婚芳名帳

結婚前、2人で初めてハワイへ

下　大スターの挙式に日本中が酔った

裕ちゃんからボス裕次郎へ

『黒部の太陽』(右)『栄光の5000キロ』(左)で社会派スターに

弟、裕次郎　石原慎太郎

石原裕次郎という私たちの世代のアイデンティティーは、ふり返ってみれば起伏に富んだ戦後から今日までの時代の推移の中で、私たちが生きてきた生き様の一種の代行でもありました。だからこそ、人びとは、あの雨の日の野辺送りに、傘もささずに濡れながら、彼のために涙し、合掌してくれたのだと思います。

石原プロの社運を賭けた『栄光への5000キロ』

『影狩り』など時代劇にも挑戦した

裕次郎男盛りの時代に独立、数々のヒット映画を送り出した

兄慎太郎の政界進出にも弟として奮闘！

独立第１作は堀江健一の『太平洋ひとりぼっち』

裕次郎、渡哲也、男と男の友情は、最後まで変らなかった。　下　芸能生活25周年特別TVスペシャルにファミリー全員集合

『渡哲也』
テツはおもしろい奴で、うちがつぶれかかった時に入ってきた。
テツとはもう十四、五年になるかな。
今ではテツは石原プロの血液になっちゃっている。

兄慎太郎を、裕次郎は終生慕い、最良の同志として生きた

母光子さんを中心とした石原家ファミリー

理想的な父親のイメージNo.1の俳優に

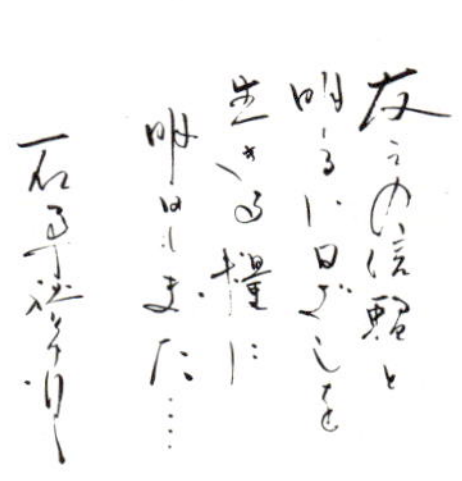

芸能生活25周年に寄せて

4丁目新居は縄文式土器の重要文化指定区に

裕次郎の秘蔵アルバムに、超スーパースター、プレスリーと互角に、いや彼以上に威風堂々と写っているフォトがある。プレスリーが小さくさえ見えるほど、裕次郎のほうに存在感がある。日本にも数少ないスーパースターがいる。国民的歌手故美空ひばり、ミスターこと長島茂雄、時代を越えて山口百恵。そうした人たちとの係りを示すプライベートフォトが現存している。目をこらしてみると、裕次郎は自分の世界観に相手を引き入れている。それもけれんみがなく自然に。そこに超スーパースターだった所以がある。同志渡哲也をはじめ、舘ひろし、神田正輝、萩原健一、中村雅俊、故松田優作、吉永小百合、故夏目雅子、松田聖子ら多くのトップスターに兄、父と慕われ、愛された裕次郎。そうした裕次郎を世に送り出したのは、まぎれもなく兄慎太郎だった。このたった一人の弟と、兄の関係がなかったら、我々は裕次郎という太陽を見ることができただろうか……。

仕事に妥協を許さなかった

上　書道する珍しいスナップ　下　ロケ現場ではいつの時代も華

『夢』

お茶の間のテレビを見ているお年寄りや子供達にも映画館に足を運んでもらえるような作品を作りたい。

リフレッシュはヨットに乗ることだった

和気藹藹《あいあい》・天衣無縫《てんいむほう》

スクリーン、歌、TVドラマのスター裕次郎に比べ、その私生活はほとんど知られていない。それは〝ファンに夢を与える〟というスター意識がそうさせたのではなく、性来のテレ屋でナイーブな性格と夫婦、家族の在り方を大切にする人生哲学がプライバシーの公開を避けてきた。私生活の裕次郎は、自分を棄ててまで人に情愛を捧げるほど人間味あふれる男だった。若くして未亡人になった母光子への気配り、兄慎太郎を父のように慕った終生変わらぬ信頼。妻まき子に対する宝石を慈しむような愛情。友人、先達者への尊敬の念。後輩に対する機微に富んだやさしさ。裕次郎と出会った人達は誰もが「太陽のような明るさと、青く深い海のように大きく澄んだ心を持った人」と話す。だから誰にも支配されず、誰をも支配しなかった。そこには、繰り返し青春を謳歌した潑溂《はつらつ》とした裕次郎がいる。天才にだけ与えられた神からの贈り物がそうした性格を作りだしたのかもしれない。

いつも飾らず人生を……

もう一人の裕次郎が見える

『元祖会』

太陽の元祖は俺たち学生仲間だから、〝それじゃ俺たちで元祖会を作ろうや〟ってことになったわけ。それは、ちょうど大学生活の終わり頃だったね。湘南の海岸で一緒に遊んでた十五人の仲間が、元祖会の同志なんだ。年に何回か集まって、酒を飲んだりゴルフをやったりね。

生涯の友宝酒造大宮会長と

病気を押して親友の子息の結婚式へ

学生時代からの友人山本健一氏と

夫人と共通のハワイの仲間と

莫逆之友《ばくぎゃくのとも》『元祖会』

上　石原プロ恒例の忘年会で渡哲也と　　下　いくつになっても青春、石原プロ小林正彦専務と

仲間の前では手料理も

『恩人』

俺を愛してくれた人たちですね。
彼らは女房や石原プロの、
精神的な支えになってくれています。

およそ裕次郎らしからぬポーズだが、心を許した親しい友人や仲間の前では、二枚目の顔を忘れ、こうしておどけてみせる楽しい表情をいくつか残している。自分を飾ってみせない人間裕次郎のもう一つの顔だ

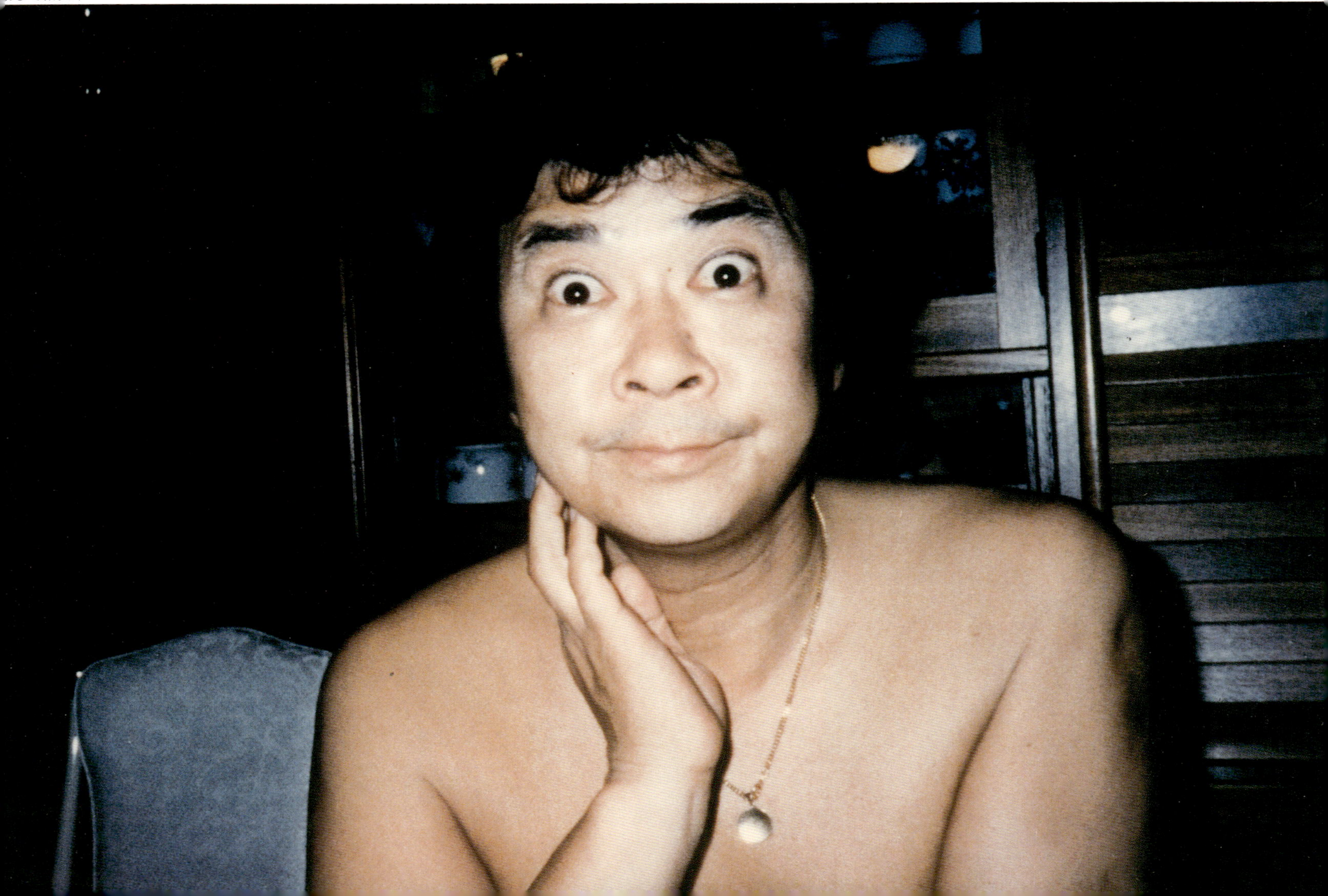

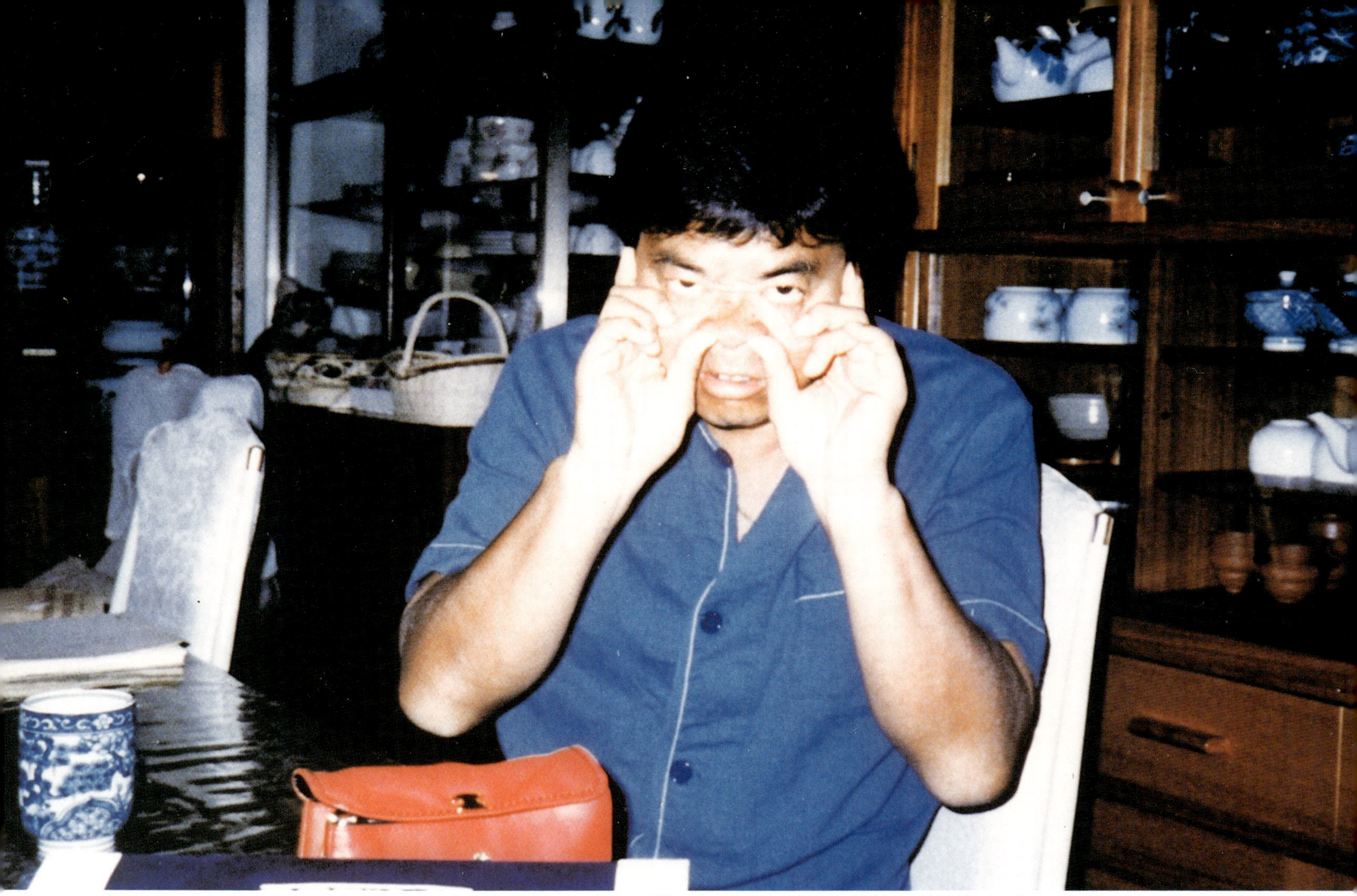

「裕さんは自分よりもひとを楽しませるために生きたような人。それがいかにも裕さんらしくて……。サービス精神というより、裕さんの持って生れた人間性だった」夫人

夫婦愛、ツーショット

山中湖の別荘で、友人に撮られてしまったナイスショット。堂々と顔を近づける裕次郎に比べ、夫人は少々テレ気味。それでも裕次郎の目は夫人を離さない。友人はその微笑ましい瞬間をフォーカスした

添い遂げる……。二十代になったばかりのとき、手の届かなかった憧れの女性に恋をして、夢を叶え、やがて、自らも燦然《さんぜん》とした星に変わり、次々に時代を塗り変えていった裕次郎。裕次郎が輝き続けられたのは、いさぎよく人気女優業を引退して家庭に入ったまき子夫人がいたからだ。怪我と病気の繰り返しだった結婚生活。それゆえに糟糠《そうこう》の妻だったまき子夫人を裕次郎はこよなく愛した。子宝に恵まれなかったことも、神様がこの夫婦に永遠《とわ》の至純の愛を与えた。いくつになっても、友人、知人など心を許した人たちの前では、堂々と愛を確認したし、これほどまでに愛し合う二人に嫉妬さえ覚える友人までいた。夫婦の歴史の途上で、愛の表現を〝年がいもなく〟と古い倫理観でさえぎってしまう人たちが多い中、二人は青春を突っ走る少年と少女のように、素直な心で愛を表現した。裕次郎は、自分の短い人生を無意識に予感しつつ、限りある時間を心ゆくまで夫人と生きようとしたのだろうか。

昭和39年、裕次郎30歳、夫人とカンヌ映画祭出席

成城４丁目自宅の起工式

カンヌ映画祭のセレモニーの前に

昭和49年、夫婦共演の最初で最後のＣＭ（宝酒造）

自宅プレイルームのバーで、友人たち夫婦が集ってのホームパーティー

昭和45年、夫人の誕生日。テーブルクロスに〝愛〟と

昭和58年７月23日、ハワイで迎えた夫人の49歳の誕生日

ハイバックチェアでくつろぐ

昭和58年12月２日、25回目の結婚記念日

カンヌの帰り２人でヨーロッパ旅行を楽しむ

25回目の結婚記念日、デュエットを

昭和38年、夫人とアメリカ旅行を楽しむ

取材陣の注文に応じず１回きりのケーキカットで人生スタート

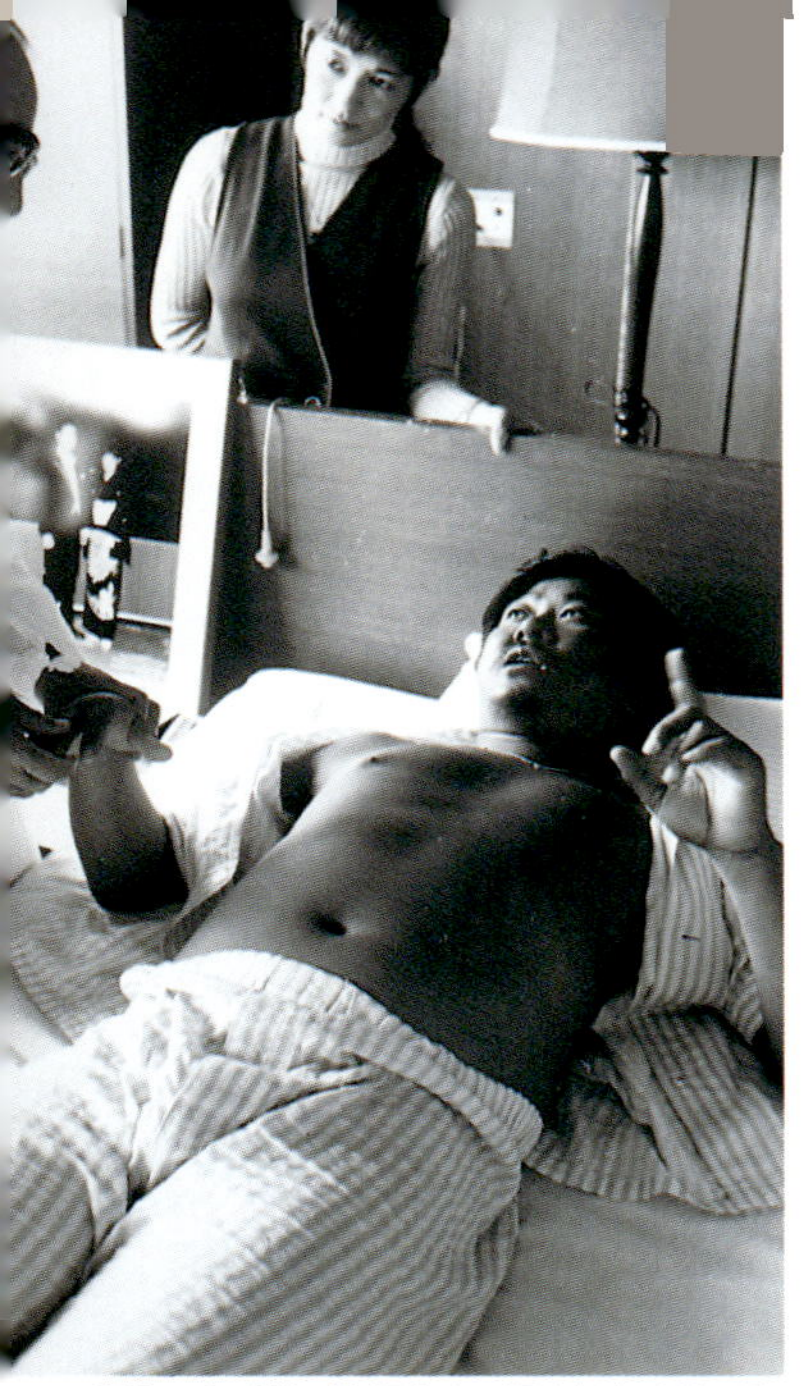

昭和45年過労で胸部疾患、国立熱海病院入院

昭和41年ホノルルにて

2人だけのヨーロッパ旅行

『妻に』

俺はだらしない亭主だ。
カミさんがいないとからっきし駄目、何もできない。
俺はもう、カミさんなしでは生きていけないよ。

大動脈瘤の大病以来、節分には悪鬼を払い、福を切望した

銅婚式を石原プロで祝った。お酒が少し回りホロ酔い気分の裕次郎

2人の記念日は必ず祝った

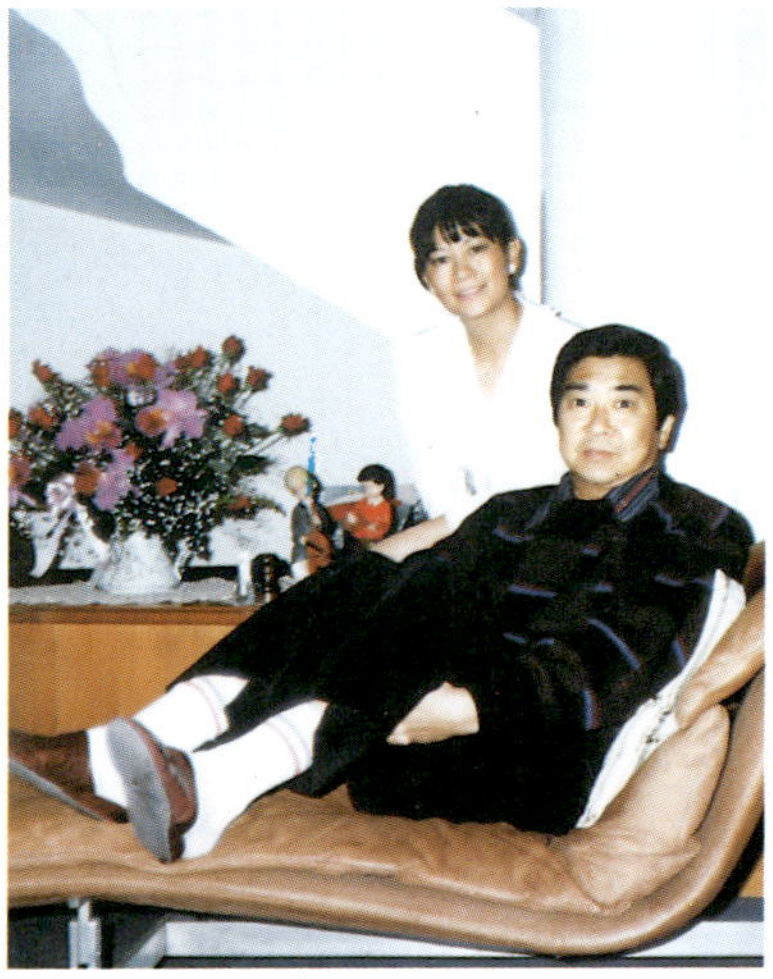
30年を心ゆくまで楽しんだ

大動脈瘤で入院中の笑顔

プライベートフォトは約20,000点に及ぶ

成城1丁目時代、庭にプールがあった

上　木洩れ陽の中に佇む裕次郎、夫人が最も好きな写真。下　ホノルルの別荘のバスルーム、夫人にしか見せない笑顔

妻が撮った〃私の裕さん〃

昭和57年３月30日、伊勢丹で行われたダリ展へ。食い入るように観察する表情

大動脈瘤の手術後から夫人は撮り始めた。元気になったら思い出として見せるつもりだったのに

外出するときは必ず自分で靴を磨いて出かけた

裕さんは二十代のいちばんいいときに一足飛びに大人にさせられてしまったような気がします。

少年のように純粋な人が、映画の世界に入り、青年になり、少し女の人を本格的に愛し、本当に真剣な恋愛に入り、生涯の伴侶を見つけたにもかかわらず、プライベート・ライフを楽しむ暇がないまま、ハードワークの日々を迎えて、現代風にいえばアイドルになってしまったわけです。

高額なギャラを二十代で取って二十四、五歳で成城に大きな家を一軒建てている。

わずか数年間で、ほとんどの夢を叶えてしまったわけですから、今度はそれを維持していくのはたいへんだったと思います。

世間からは、裕さんの置かれた立場は、すばらしく見えたでしょうが、スターゆえに、仕事のバランスの悩みで苦しみ、消化不良のまま二十代を越えていったのではないでしょうか。

三十代になると『石原プロ』という会社を持ち、社員も増え、その家族の心配まで考えるようになり、別な意味での責任感が出てきてたいへんだったと思います。家族を合わせると三百人くらいになるわけですから。

三十代は、正直申しましてまだ青年です。

それが経営者として社員を持つことによって、多くの人生の機微を習得しなければなりません。

「頑張っているな裕さん」そんな思いであの人を見ていました。

少し精神的に老け込んだのはその頃からです。そうしないと部下を見ることができなかったのかもしれません。

会社の運営にはお金がつきものです。

一つの作品がうまくいく、いかないの繰り返しですから……。

ずば抜けて成功したかと思うと、次にはどん底へという状態の中で三十代後半を越えていったのです。

昭和四十五年『ある兵士の賭け』が失敗して石原プロは五億八千万円の負債をかかえ倒産の危機に立たされました。

家計も一時期、預金残高が九万八千五百八十四円しか残っていないこともありました。

多くの社員をかかえているだけに裕さんは頑張り抜いたんだと思います。

いま考えますと、我が家のやりくりもたいへんでした。私の宝石類を裕さんに内緒で処分したり、姉や、弟、知人友人宅に頭を下げてまわり、必死になって金策して、石原プロの資金繰りに協力しました。

なかでも渡さん、小林さんをはじめスタッフが一丸となって危機を乗り越えることができたのです。その頃からです。年中病院へ入ったり、胸をわずらったりしたのは……。ストレスと、肉体酷使のツケが回ったためでしょう。

それでも裕さんは、あの天性の明るさで、私をはじめ、みんなに笑顔と情愛を分け与えてくれました。

根っから人にきさくで優しく、サービス精神の旺盛な人だったのです。

不思議に私は裕さんから人の悪口を聞いたことがありません。「どんな人間にも必ず長所があるのだから決して悪口をいってはいけない」そういう夫でした。

ごく自然に、人に臆さず、自分の魅力をのびのびと振りまいた裕さん。

そんな裕さんの思い出をみなさんが話すとき、みんな同じ目をしているのです。

カリスマ性とまではいいませんが、やはり何か、他の人とは違った人間的に大きな魅力があったのかもしれません。

青春をもっともっと謳歌《おうか》したかった裕さん、それなのに私と、知人友人のために多くの楽しい時間を費やしてくれた。

いま思うに、本当に石原裕次郎は、自分の思うように泳いだのかしら、人生を泳ぎとおしたのかって、そう考えてしまうのです。

上　慶應病院の手術着を着たドクター裕次郎。　下　自宅庭でサンシャワーを

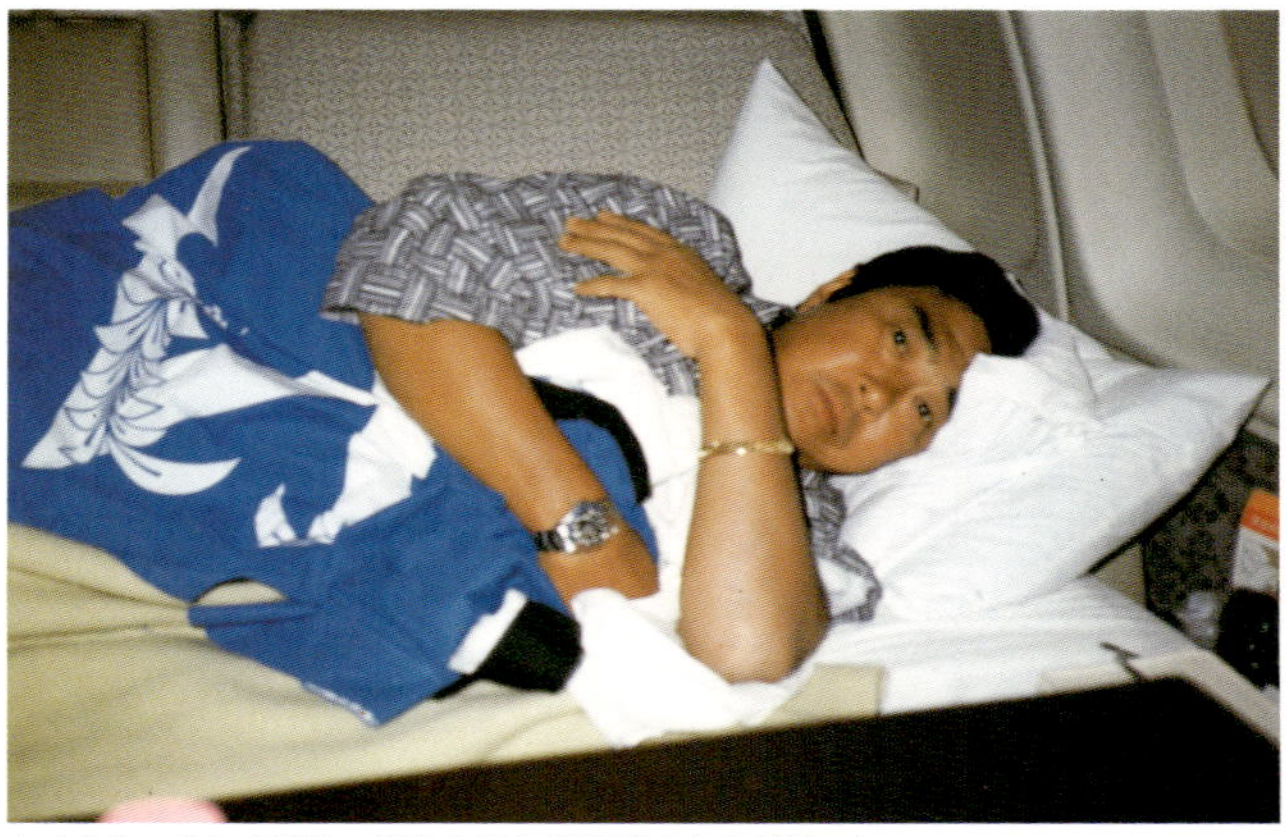

ホノルルへ向かう機上、眠りかけた裕次郎を夫人が撮った

戦士・克《こく》捷《しょう》

昭和五十六年四月二十五日『西部警察』ロケ中に、突然背中と胸に差し込むような激痛を覚えた裕次郎は、救急車で東京信濃町の慶應病院に運び込まれた。集中治療室での検査で『解離性大動脈瘤』が発見され、ただちに緊急手術が行われた。現代医学をもってしても手術後の生還率がわずか三パーセントという手術を日本中がかたずをのんで見守った。混濁する意識の中、裕次郎はひたすら死と闘った。六時間半にも及ぶ大手術の結果、神は裕次郎を召すことを諦めた。このときマスコミは〝タフガイ奇跡の生還！〟と報じ、病魔に打ち克った裕次郎に喝采を送った。退院直前、病院の屋上に上がって多くのファンの激励に手を振って応えた勇姿は日本中に映し出され、不死身のタフガイを印象づけた。強靱なイメージとは反対に幼年の頃から病気、怪我の繰り返しで、スターになっても骨折、結核、舌ガン、肝臓ガンと病魔との闘いの連続だった生涯だが、裕次郎は戦士として誇り高く生き抜いた。

タフガイとして生きた

弟、裕次郎　石原慎太郎

兄弟として、幼年からの思い出を通じて感じることは、弟の人生は、非常に祝福されながらも肉体的には恵まれなかった人生だ、ということです。いくつもの大怪我と大病、あんなに肉体の業苦を味わい続けさせる人生というのは、ちょっと考えられません。

子供の時から死ぬまで、ずっと病気で寝ていたというのと違って、その間、積極的に動き、明るく笑い、楽しみ、そして挫折し、蘇り、ほんとうに飽きずによく闘って我慢してやってきたものだと思います。

バスにファンからの激励の寄せ書きが

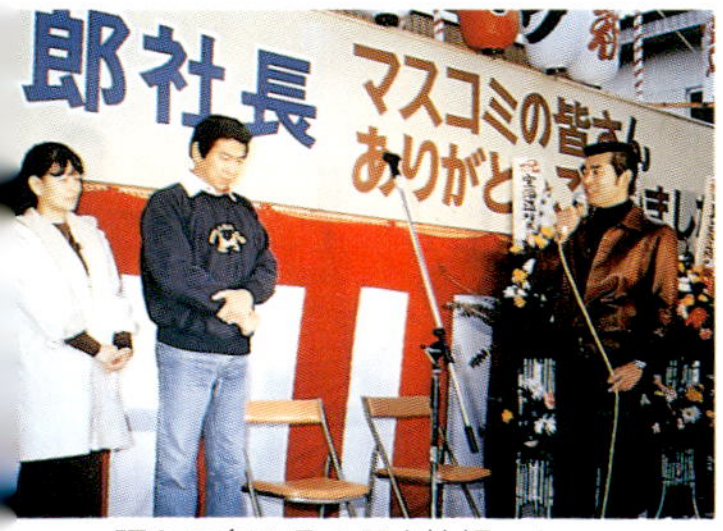

昭和56年9月1日全快祝いを

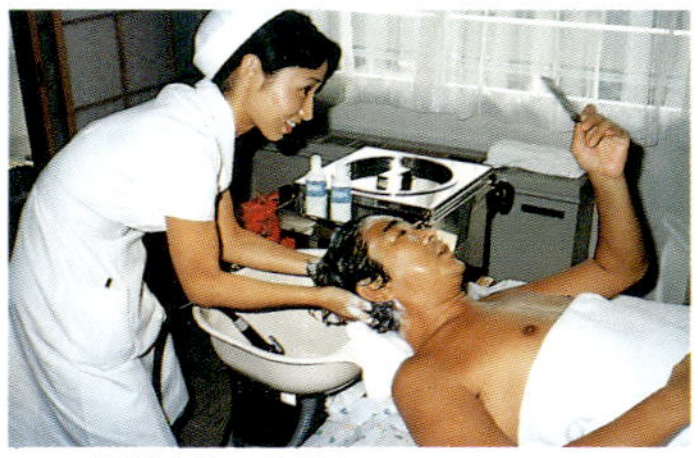
経過良好、洗髪を

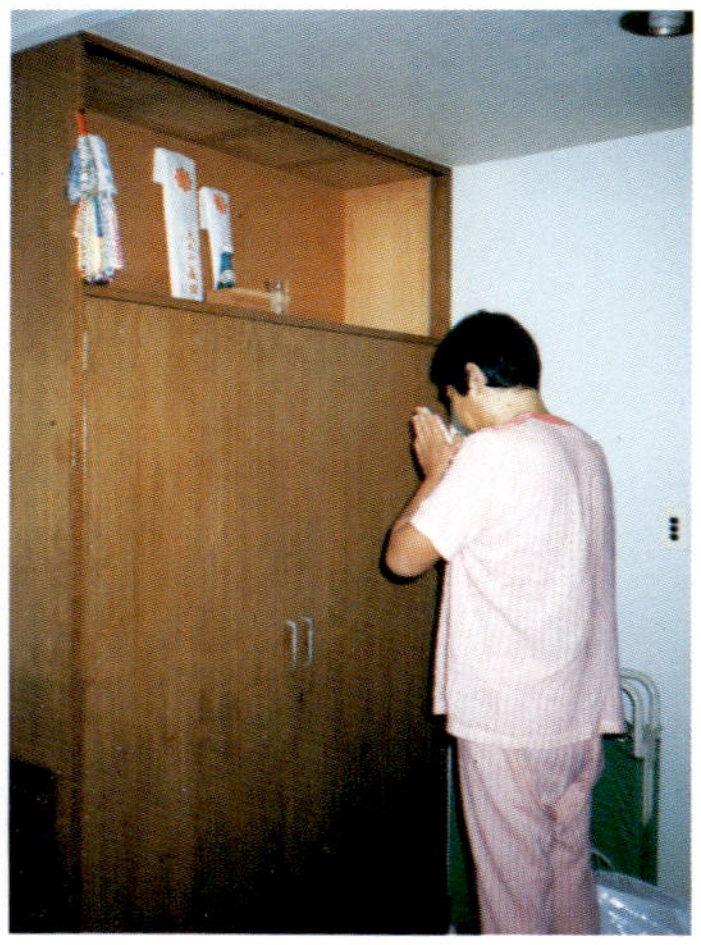
奇跡の生還を神に感謝

手術後、復帰に備え屋上でリハビリに励む

『病気』
死を考えるってことはあるね。
入院中にってことじゃなく、調子の悪い時に、何回も考えますよ。
人間の身体って不思議なもんで、満ち潮と引き潮があるように、
ある時、すうっと元どおりに元気になることがあるんだ。
とにかく、これ以上具合が悪くなったらノイローゼで
パンクするなっていうような時、電気を消して寝るのが怖くなる。
なんで俺だけがこんな病気にならなくちゃいけないんだって、
ほんとに恨んだね、病気を。

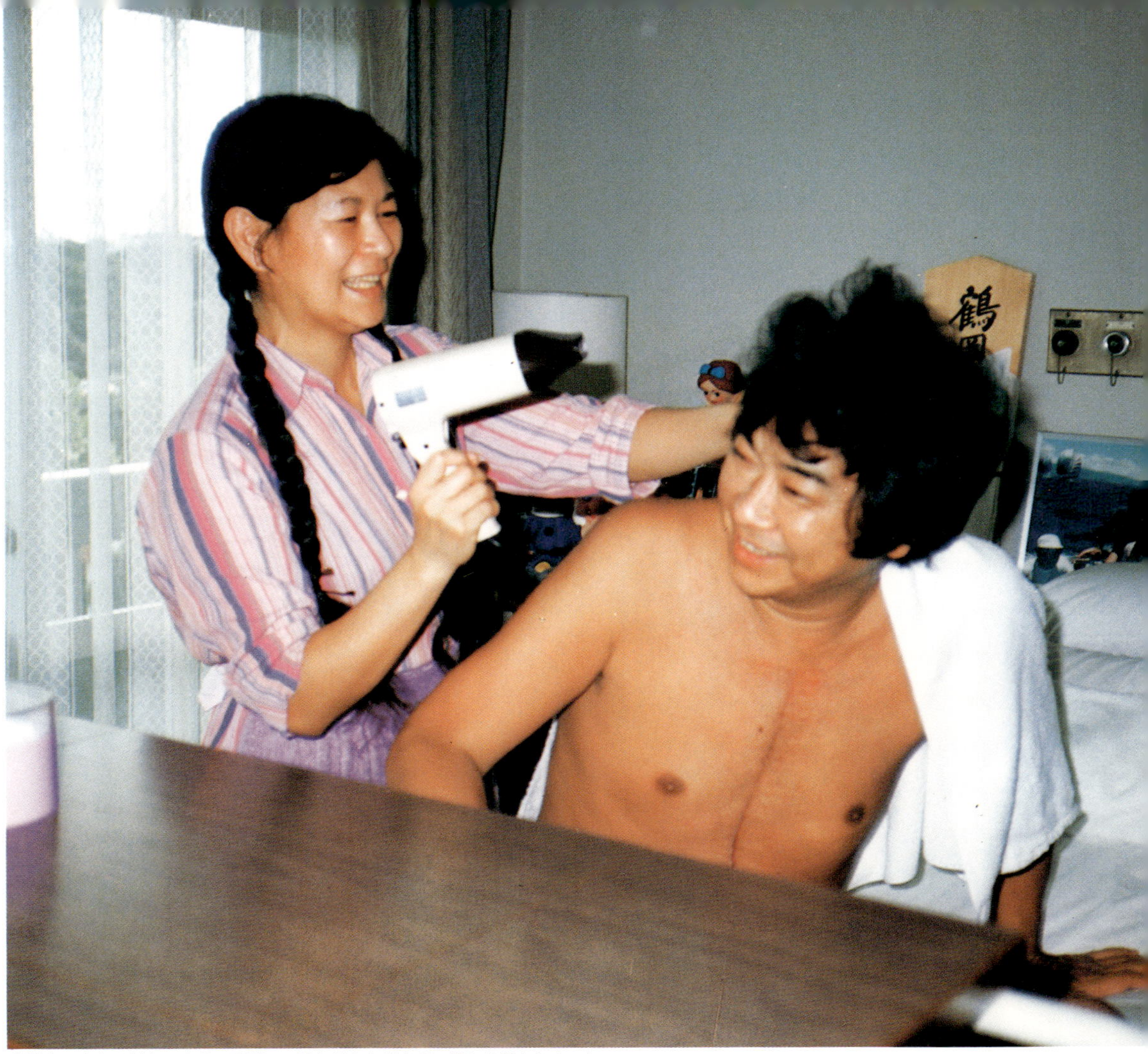
入院中、夫人は付きっきりで看護、一時たりとも裕次郎の傍から離れなかった

私しか知らない素顔の裕さん　石原まき子

入院してから退院まで、百三十日間を裕さんは慶應病院の病室で過ごしました。

その間、多くのファンの方が院内の仮説テントへお見舞いに駆けつけてくださり、こんなにも愛されていることに喜びを感じました。

〝大動脈瘤は不規則な生活が生んだ病気〟と一部マスコミに報道されましたがそれは誤解で、体質的に、大動脈の位置が変形していて、心臓から送られてくる血液が長年にわたって、屈折した壁にぶつかり、血管が薄くやぶれやすい状態になっていたのです。

裕さんの五十二年の生涯は怪我と病気の連続でした。義母からも、

「幼年期の原因不明の長い病い、少年期の骨折と肝炎など、ほんとうに裕次郎は病気と怪我ばかりしていた子」

と聞いています。

結婚してからも、昭和三十六年一月二十四日のスキー骨折事故、四十六年四月八日の肺結核の入院、五十三年十二月一日、舌の裏側にできた悪性の腫れ物の手術のための入院と心配ばかりかけてきました。

入院しないまでも、毎年のように一回か二回、すごい風邪をひき、四十度の熱が一週間くらい続きました。たまたまない年があったりすると、今年はどうしちゃったんでしょう、あのすごい熱はどうしちゃったんでしょう、と逆にうれしい心配すらしたものでした。

それほど裕さんは小さい頃から怪我と、病気との戦いの連続だったのです。

入院中の裕さんは戦士として誇り高く振るまっていました。

胸を一文字に開き、金属性の血液のバイパスを埋め込む手術でしたから常に死と向かい合っていたわけです。

いまでも、手元に残っている裕さんの筆談メモ。ノドに管を入れていたため、会話は筆談に頼らざるをえません。

〝つらいです、喉苦しい、気持悪い〟〝苦しいナ早くパイプ取って下さい　空気ナシ〟〝今何時？〟〝手術だけは、ピッタシカンカン　成功〟〝管を抜き　言葉したい〟など……。

退院したものの、一日の塩分摂取量がわずか六グラムという厳しい食事制限でしたから徹底した食事管理をしなければなりません。

裕さんの身体をもとの健康状態に戻すために、私は裕さん専属の看護婦、栄養士、料理人として、日課のほとんどをそのことに費やしました。

どうしたら、裕さんが美味しく食べてくれるかしら、それにどんな食事が身体にいいのか、そればかり考えお献立をする毎日でしたが、それで裕さんが元気になってくれれば幸いです。

朝食、昼食、夕食を作っていたら、それだけで一日が終るくらいデリケートな料理作りが課せられました。

裕さんと一緒の闘いが始まったのです。

「あの頃はたいへんだったのでしょう」

友人によく聞かれることがありますが、たいへんだなんて一度も思ったことはありません。そう考える余裕がないほど、一心不乱に裕さんの食事を作っていたのです。

五十六年九月一日、石原プロにおいてスタッフから全快祝いをやっていただきました。

その夜、自宅で裕さんは感激しながらこういいました。

「オレは、今回のことではっきり神に誓ったね。彼らと運命を共にしようって……。オレの財産は社員をおいて他にないよ」

すばらしい男同士の友情に、私も胸が熱くなりました。

退院後、食事療法の成果が表われ、十一月二十六日には『太陽にほえろ！』に復帰、凛々《りり》しい姿で、仕事先の国際放映スタジオへ出かけていきました。

こうして、裕さんは、病魔に打ち克ったのです。

感謝の心をこめて

昭和56年11月26日、7か月ぶりに仕事に復帰した

イギリス・カウズにて

退院できたお礼をファンや関係者に

皆さんのご声援が神様にとどいて……

心情を細かく報告

拝啓
爽やかな気候になりましたが、皆さまにはいよいよご健勝のことと、お慶び申し上げます。この度は心温まるお見舞、誠にありがとうございました。皆さまのご温情のほど、身に沁みて嬉しく存じます。
お陰さまで130日ぶりに退院致しまして、今は尊い試錬を経たという淡々とした心境で、体はすこぶる好調です。皆さまに再びご心配、ご迷惑をおかけしない為にも、療養第一の生活をモットーにして、心身を調整し、健康管理することを心に誓っております。なお、仕事の復帰は慎重に体のようすを見極めながらも、なるたけ早い時期に、皆さまの前に元の姿でカムバックすることが、私の感謝のあかしだと考えております。
これからは"もう一度いただいた命"ですから大切にして、人生を有意義に生きて行きたいと思っております。

敬具

昭和56年9月吉日

〒157 東京都世田谷区成城4丁目8番20号

裕次郎らしい文面だ

全国のファンの皆さん温かいご声援と激励、
本当にありがとうございます。
厚くお礼申し上げます。

渡りかけていた三途の川から舞い戻って55日ぶりに、一般病棟（1号棟5階）に移りました。

屋上散歩が日課となり、暖かい日には日光浴をして体を焼いています。風呂にもはいれます。3度の食事も楽しくなりました。蒼々とした神宮の森を見ながら退院の総仕上げのつもりで、慎重にトレーニングをしております。

今は、焦らずじっくりと治療に専念していますが………

早く煙草を吸いたいとか、酒を飲みたいとか想うようになったときが、私の第二の人生、始動開始のゴーサインではないかなどと考えております。

退院後もしばらくは、病院の延長として自宅療養するつもりです。

皆さんにお目にかかれるのを楽しみに………頑張ります。

昭和56年7月吉日

Keio Hosp
一号棟にて

タフガイの生還に日本中のファンが喝采

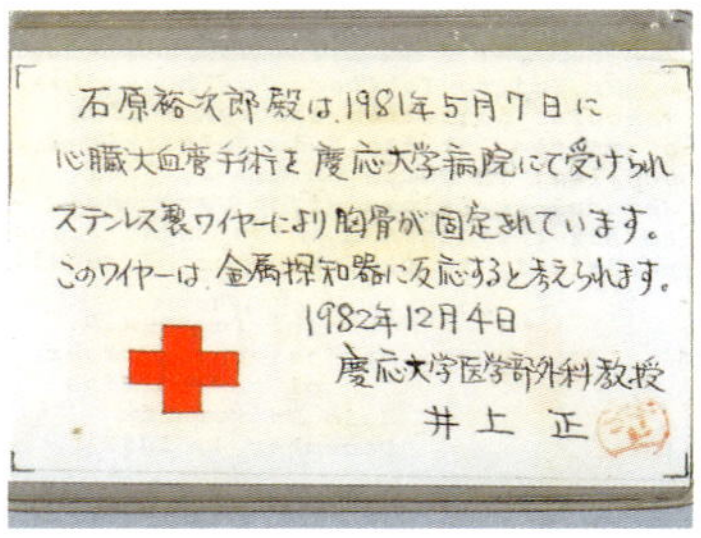

石原裕次郎殿は1981年5月7日に
心臓大血管手術を慶応大学病院にて受けられ
ステンレス製ワイヤーにより胸骨が固定されています。
このワイヤーは金属探知器に反応すると考えられます。
1982年12月4日
慶応大学医学部外科教授
井上 正

主治医が発行した金属探知器反応カード

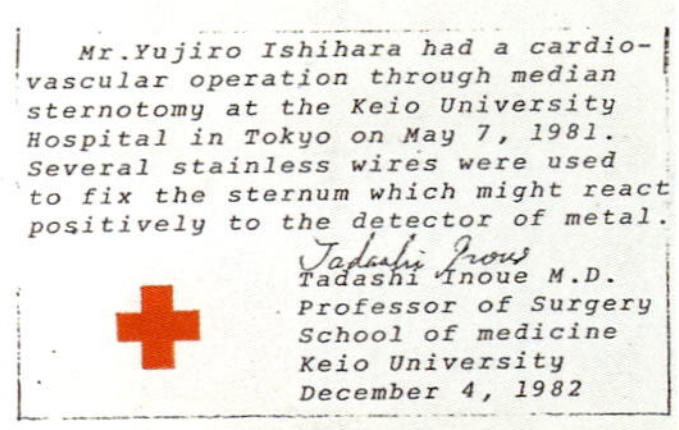

Mr.Yujiro Ishihara had a cardio-vascular operation through median sternotomy at the Keio University Hospital in Tokyo on May 7, 1981. Several stainless wires were used to fix the sternum which might react positively to the detector of metal.

Tadashi Inoue M.D.
Professor of Surgery
School of medicine
Keio University
December 4, 1982

海外旅行にも必需品になった

花瑠瑠《ホノルル》・『天国の家《ハレ・カイラニ》』

ハワイアン・オープンで有名な『ワイアラエ・カントリークラブ』が一望できるホノルルの超高級別荘地カイモク地区に裕次郎の別荘がある。自から名付けた『天国の家《ハレ・カイラニ》』はブルーの海と、美しいプライベートビーチを備え、庭には野鳥のさえずりと、原色に近い鮮やかな花々が咲き乱れている至上の棲家である。敷地七百坪（2310㎡）に建つプール付き大邸宅はベッドルームが六部屋もあり、透明感あふれるリビング、プレイルームは南国の香りが満ちあふれている。昭和三十四年暮れに夫妻でハワイを訪れて以来、骨折した年を除いて毎年ここで、大好きなヨットと二人だけの時間を満喫した。そして愛艇コンテッサ号で『トランス・パック』をはじめ多くの世界的レースにも参加して名スキッパーとしても活躍。ワイキキにもコンドミニアムがあるが、晩年は部屋から沖合いのレースが観戦できる『ハレ・カイラニ』をこよなく愛し海の男として過ごした。いまも沖合いを走る貿易風《トレード・ウィンド》は変らない。

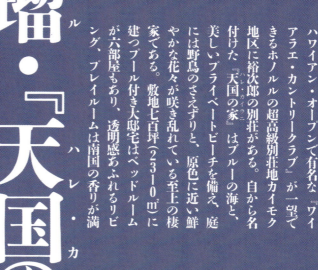

下　玄関前アプローチ

門札がいかにもハワイらしい

悠久の空間

上　バーコーナーから見るリビング全景。トップライトから明るい陽射しが差し込む

上 『YUJIRO』のネーム入りナンバープレートに注目。下　プールサイドからの全景

愛車キャデラック『裕次郎号』

裕次郎と夫人の永遠の愛を象徴する抱擁像

上　リビングから見たダイニング。下　プールバー

バーから双眼鏡を使って沖合いのレースを観戦

シャンデリアに夢が

愛用のチェアに座って海を

リビングコーナー趣味の世界　下　天井の形に注目

上　裕次郎の寝室、右にプールが見える。左手前が洗面所、奥がバスルーム。下　バスルーム全景

洗面所に、ハワイ滞在で使った化粧品がそのまま置いてある

裕次郎が選んで購入したランプ。下　天井の送風機

さりげない小物に趣味の良さが

2階へ続くウッディの螺旋階段

中庭、右奥が寝室と書斎

世界のワイン銘品のラベルを額に

リビング奥の中庭、部屋に中庭が３箇所

プールバーのワインセラー

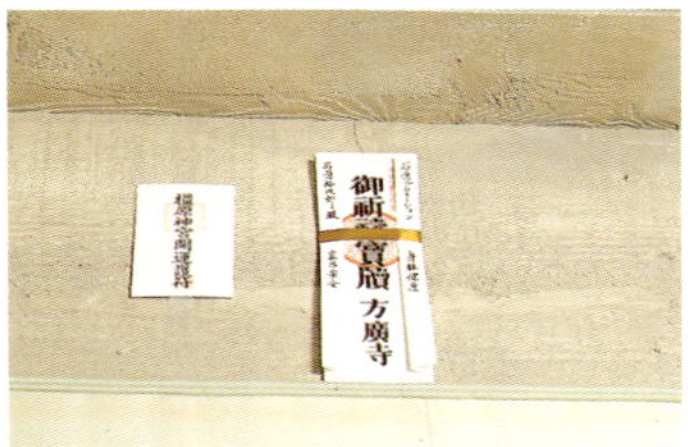
神棚に健康を願うお守りが

廊下に飾ったゴールデンデスク

ペアーのコンテッサIIIカップ

書斎のデスク、裕次郎の匂いがいっぱい

使いこなされたゴルフの手袋、愛用のボール

トラディショナルなゴルフシューズを好んだ

壁に飾ったヨットのアクセサリー

寝室に下着、トレーナーなどラフな普段着が

ゴルフはシングルの腕前だった

スニーカーからフォーマルまで

ハワイ島、マウイ島の小旅行に使用

夫人は片時も位牌を離さない

クローゼットに詰った裕次郎の趣味、センス

アロハシャツはさまざまな形、色のバリエーションを楽しんだ。南国の鮮やかなカラーは、裕次郎だから似合ったのかもしれない。マリンシャツは、ヨットレース、ヨットクラブのパーティーなどで着た

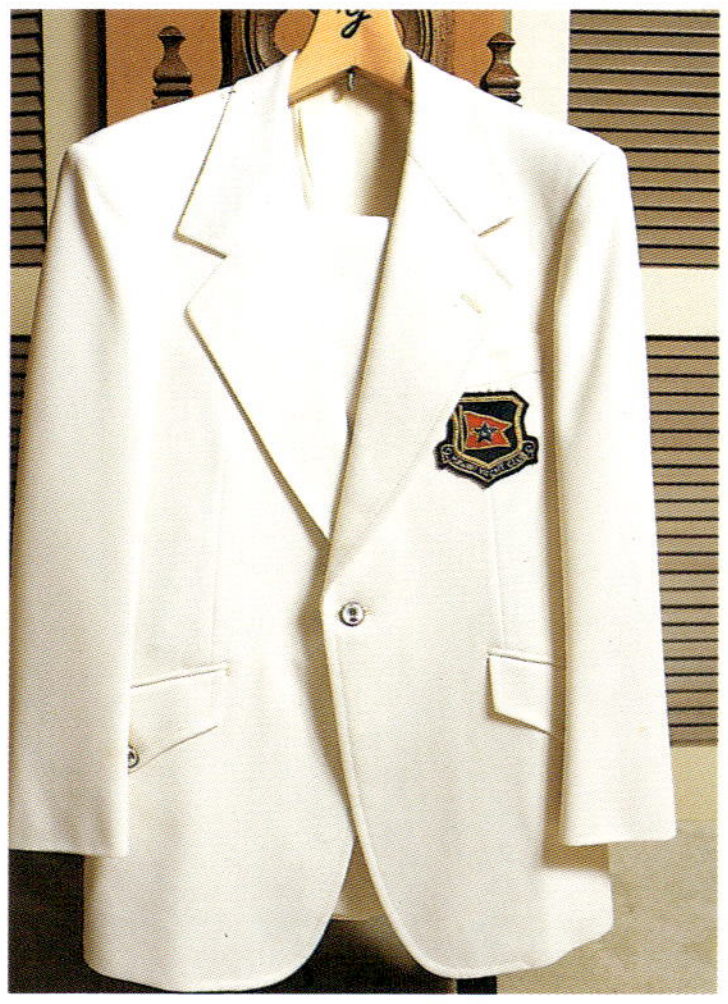

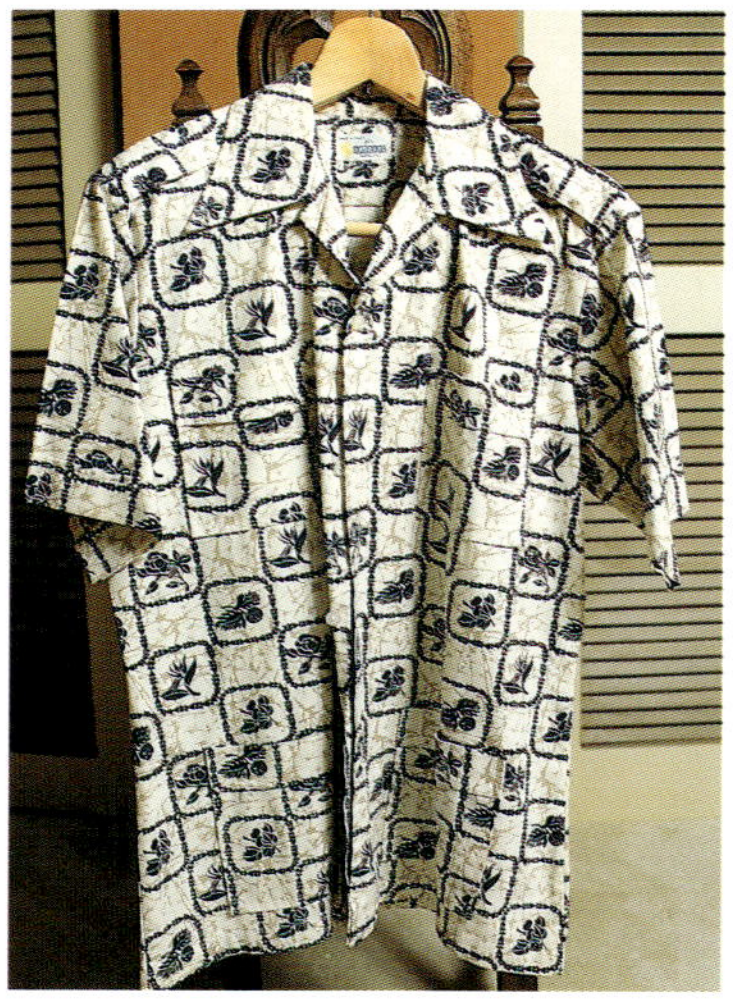

裕次郎の外出着は、100着余りある。ハワイに知人が多くいるために食事やパーティーで外出することが多かった。サマージャケット、マリンジャケットに、海の男裕次郎の匂いがする。
オシャレ感覚の鋭い裕次郎は、外出の目的によって、この中から選んだ。そして心ゆくまでハワイの休日を楽しみ過ごした……

部屋から海が一望できる

最上階に近い部屋からの景色はパノラマ

ワイキキ・フォスタータワー

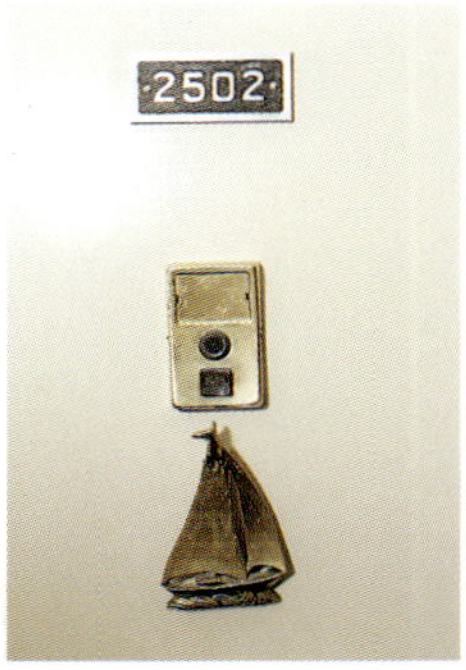

玄関ドアもヨットで飾る

ワイキキのコンドミニアムは、昭和47年夏、最初に購入した別荘。元気だった頃ハワイ到着後すぐにここからヨットハーバーへ。下 リビン

夫人はいつも部屋からコンテッサを見守った

バーから沖を帆走するヨットレースを観戦

ハワイの風土は肌に合っていた

心ゆくまで……

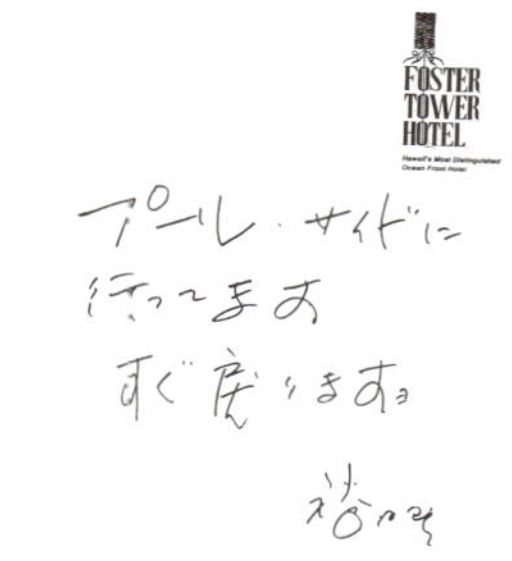

夫人が買物で外出した後

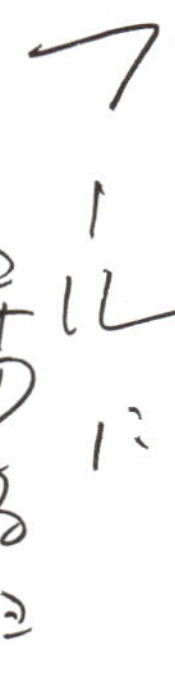

夫人への気配り

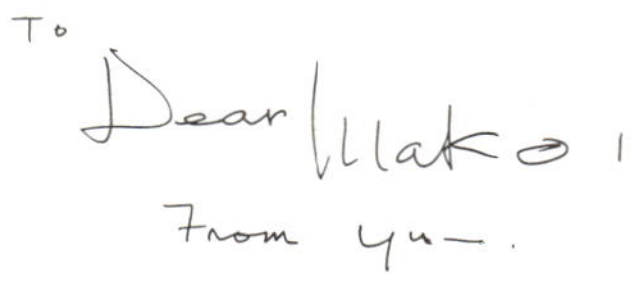

プレゼントに添えて

私しか知らない素顔の裕さん　石原まき子

スキー骨折事故の年を除いて、昭和六十二年四月まで、二十八年間、休暇を利用してはハワイで過ごしました。

最初に訪れたのは三十四年の暮れで、パンナムのプロペラ機に乗って行きました。

当時は、日本からの観光客がほとんどなく、スター裕次郎を意識する心配がないので裕さんは最高にゴキゲンでした。

それに大好きなヨットにも乗れる。

きれいな空と海と浜にすっかり感激してしまい、以来ハワイに魅かれてしまったのです。

若い頃、裕さんは、ほとんど昼間はヨットに乗って夕暮れ近くなるまで帰ってきません。ポツンと浜辺に腰をおろし、裕さんのヨットの帰りを待つあいだの心細かったこと。それでもふたりだけの時間が持てることに満足していました。

当時、日本にいたら、撮影がない日はマスコミの取材、という超ハードスケジュールで、私との時間を楽しむことができませんでした。

「新婚生活らしくない、マコ悪いな」

成城一丁目の自宅は連夜、お客様ばかり、それで私のためにふたりだけのプライベートな時間を作ることに決めたのです。

それと、ほんとうは自分の時間も、いっぱい欲しかったのじゃないかしら。

でも、夫婦の在り方を大切にする人でしたから、やっぱり私とのゆっくりとした時間を作りたかったのかもしれません。楽しい思い出が多すぎて、どれがいちばん印象に残っているかなと思い出しても溢れ出て困ってしまいます……。

ホノルル空港でフライト寸前になっても乗り込んでこない裕さんを待ってくれた飛行機のクルー。真黒に日焼けして、いまヨットから降りて駆けつけた、といった様子で手を振りながらゲートから走ってくる裕さん。私からプレゼントした、錨を象《かたど》った金のネックレスをハワイアン・ヨット・クラブの海にうっかり落として、

『回顧』

俺みたいに人の何倍もいろいろなことを経験してきた男は、
今、回顧しても(俳優、独立、解離性大動脈瘤、スキーで足を骨折、借金、結核……)
一つ一つの体験にはたくさんの思い出がある。
俺は回顧してもあまり特筆すべき体験のない人生よりも
起伏に富んだ人生のほうが楽しいし好きだね。

大動脈瘤の退院後水泳もリハビリに

カメハメハ大王裕次郎!?

海の仲間と必死になって探し、発見した時、少年っぽい喜びを身体中で表現した裕さん。

「ママ、一度くらいヨットに乗ってよ。絶対に大丈夫だから」

そういって乗り物酔いの激しい私に、やさしく勧めた裕さん。フォスタータワーのすぐ沖に、コンテッサを停留させ、時間をきめて、お互いがヨット、ベランダから手を振って応えたサンセットの思い出。結婚記念日の多くをこのハワイで祝った記憶。そこには逞しく、それでいて少年っぽい素顔の裕さんがたくさん見えました。

晩年は静養が目的のハワイ旅行でしたので大好きなヨットに乗せてあげられなかったのが、不憫でなりません。ですからコンテッサ三世号は、ずっと、裕さんが好きだったハワイに置いておきます。せめてヨットだけは、愛した海に置いといてあげたいのです。

裕さんにとって、私は灯りのともる港だったのかもしれません。

灯りを頼りに帰ってくる船、荒波にもまれながらも港をめざす船。

頑丈な岸壁を持つ港に早く帰港したい。私はそうした頑丈な岸壁を持つ連れ合いだったと、いま臆することなくいいきれます。

もし、私がもっと幼くて、女優を捨てきれなく、外へ目の向きたがる性格だったら、石原裕次郎像が違っていたと思うのです。

家族のことをいっさい気にかけさせないで、自由に泳いでもらったからこそ、苦労はあったにせよスター裕次郎でいたと思うのです。

五十二歳という短い人生でしたけど、人の倍苦労して、倍楽しんだ人でした。

私も、普通の奥さんより何倍の苦労をしましたが、でもたくさんいい思いもさせてもらいました。一人だけ残されたのは残念ですけど裕さんとの人生に後悔はありません。

妻であり、母であり、姉であり恋人であった私の半生は幸せでした……。

名スキッパーだった

海の男の匂いが漂う

昭和40年、コンテッサⅢでビッグレース出場

愛艇コンテッサⅢ・主の帰りを

上　昭和62年２月26日、ハワイで過ごした２人の最後の写真。左下　海の勇士裕次郎。右下　真黒に陽焼けし、マストへ登る裕次郎

キャビン奥、裕次郎が設計した

名門『ＨＹＣ』の会員だった

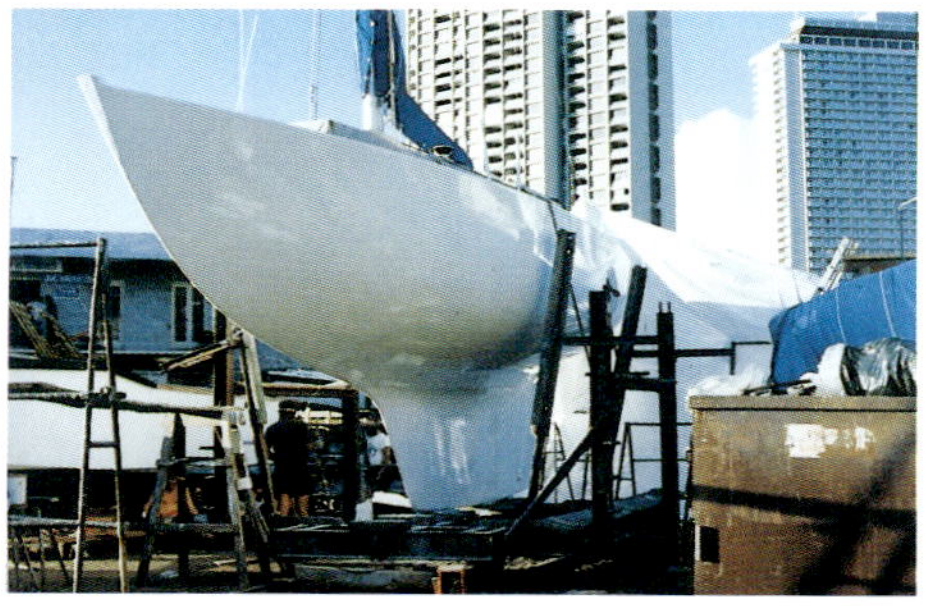

昭和40年、コンテッサIIIが生まれた

上　いまも誇り高く……。下左　裕次郎の定席は左奥。下右　キャビン

『海と僕』
少年の頃の想い出の大半は海にあった。
そして今尚、僕は海に魅かれ海を愛する。
それは丁度、喉の渇きに似て激しく、郷愁に似て遠い。

虹の遠方まで帆を広げて……

愛用したドリンククーラー

裕次郎と航海を共にした計器

額の「mind your helm」に裕次郎の生き方がうかがわれる

上　コンテッサは数多くの物語を生んだ。下　「この後姿が貴婦人らしい」裕次郎の言葉

海浜に育った僕は海の万化の表情を知っている。
それは優しく、激しく、平和で、狂乱で、
しかし常に果てしなく大きく、健康で、男性的だった。
少年の日、僕は願った。
「人間になりたい。海のような男になりたい」と。
その願いは今でも変りない。

海の親友パパルーファミリー

永眠・遺書

妻にあてた絶筆、最期のメモ

兄石原慎太郎の四男延啓が描いたデスマスク。昭和62年 7月17日、東京信濃町慶應病院にて永眠…

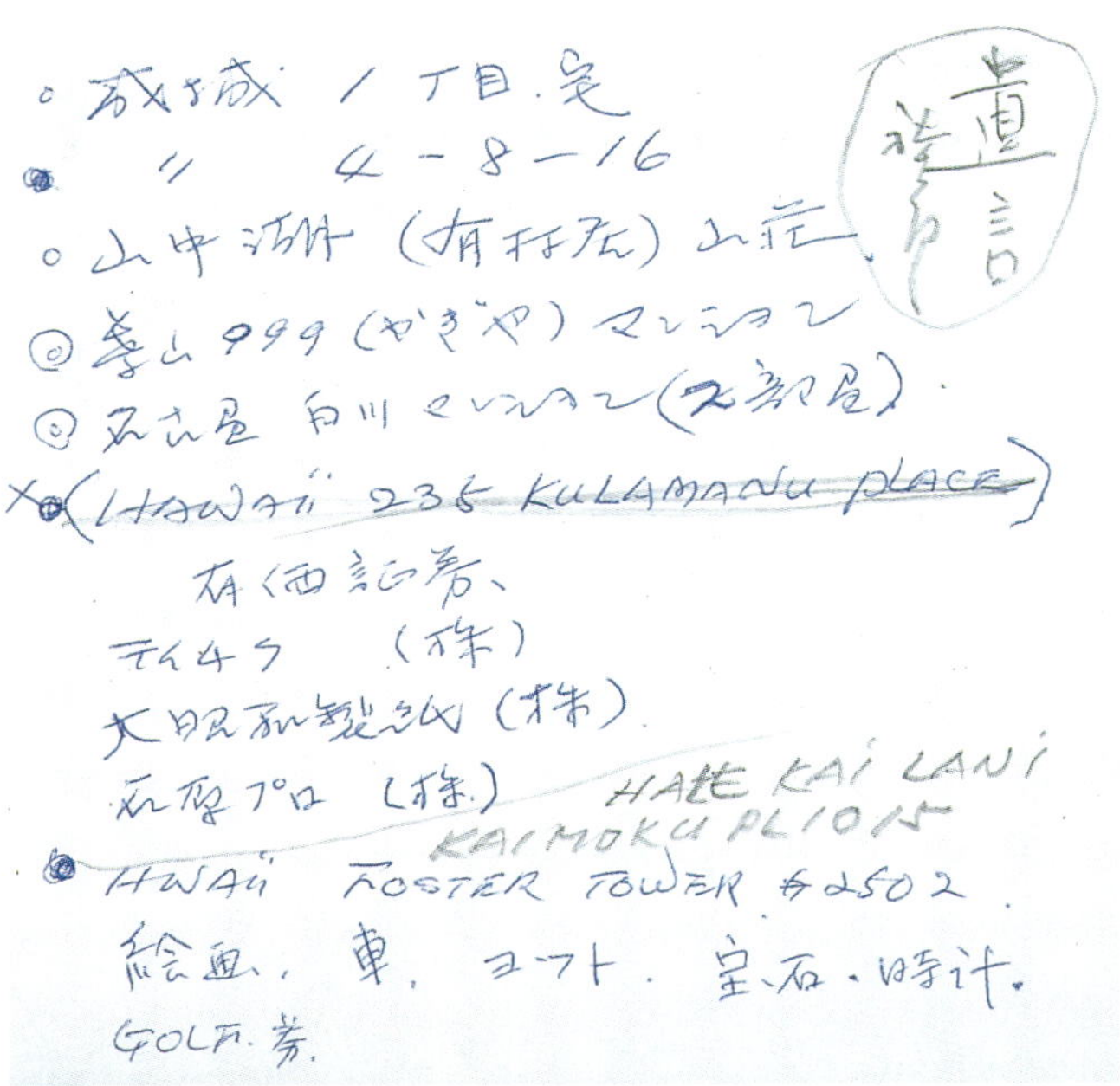

妻に遺すものを細かく記入

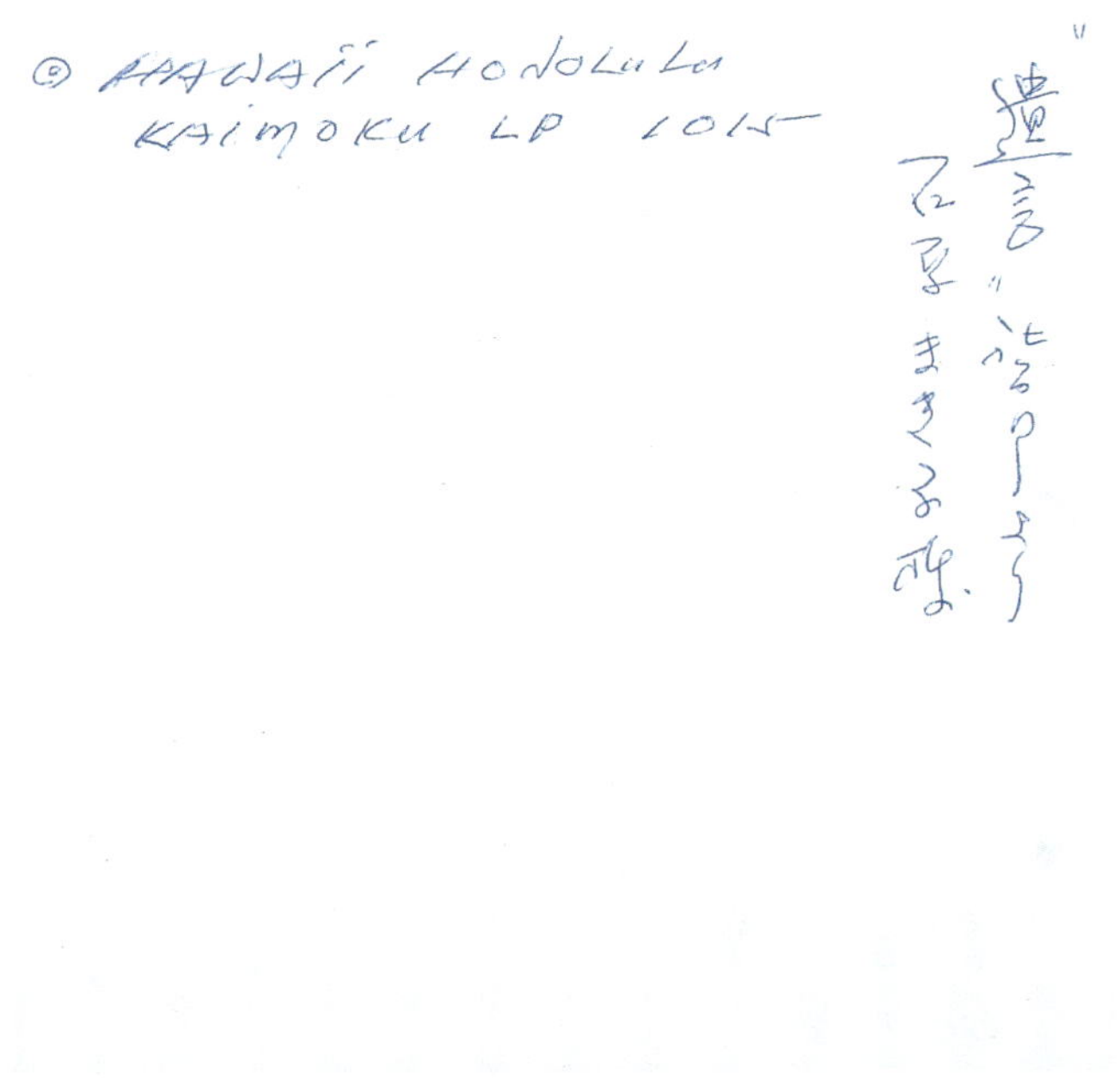

昭和62年、最後の入院中に書いた遺書が発見された

肌身につけていた財布に遺書が

自邸の金庫から

2人の記念日のカレンダーもあった

私しか知らない素顔の裕さん　石原まき子

裕さんが逝って四年たったいま、少しずつですが、精神の落ちつきを取り戻し、この頃やっと暖かい色のついた洋服も着ることができるようになりました。

裕さんの写真集を作るにあたって、亡くなって以来、一度もあけることのなかった金庫をあけられたのは、そうした精神の落ちつきからです。この中には、亡くなった時の病室での遺品すべてを仕舞っています。その中から、何か写真集のお役に立てるものが見つかるかもしれない、そんな気持から扉に手をかけたのです。

仕舞ったときは、気が動転していて、そこに何を入れたのか記憶にありません。

スポットライトの灯が淡く差し込む金庫の奥に重なるようにして積まれた黒いお財布が目に止まりました。お財布が少し開いてポケットに、白い紙切れが少し見えました。

このお財布は、裕さんお気に入りで、最後まで肌身離さず持ち歩いていた品物です。

白い紙切れが気になりました。

メモかもしれません。何だろう、そう思ってポケットから抜き出し、手にしました。二つ折にしたその紙に〝石原まき子様〟という文字がメモされています。

裕さんの字です。「あれ何だろう」開けてみますと成城自宅の番地が書いてありました。

眼鏡をかけて確かめると、それは遺言状だったのです。書かれてなかったとされた遺言状を、実際には裕さんは残していたのです。

おそらく肝臓ガンで入院中のベッドの中で、書いたものでしょう。それを、そーっとお財布の中に入れておいたのです。

亡くなった後、私がもっと早く見る勇気があれば、亡くなる七年前の大手術のときにエンピツで走り書きした遺言状に近いメモをめぐっての法的問題も簡単に解決できたのです。

亡くなったとき、遺言状がなかったために、小林専務の口述筆記と、七年前の走り書きと合わせて、公文書に準じるもの、としてやっと認めてもらったのですから。

「裕さんは私のために二度にわたって、遺言状を書いていてくれたんだ。しかも辛い体調の中で……」

私は人前では涙を出しませんが、このときは、ひとしきり泣いてやっとそこを離れることができたのです。

なんであの時期に、いちばん身体の弱って具合いが悪いときに……。それを思うといまでも身を切られるような辛さを覚え、それ以上の言葉が出てきません。

安らかに眠るようなデスマスク画は、甥の石原延啓が出棺直前にスケッチしたのを、私にと、届けてくれたものです。

やっと、これでやっと病魔から解放されて、くつろぐように眠っている裕さん――。

裕さんの仲間の八十パーセントは、天国へいってしまいました。この世に一つの天井があり、その向こう側で、あの人たちは、裕さんとのびのび駆けまわっているのでしょうね。

裕さんも好きなヨットに毎日乗ったり、人前ではテレて歌えなかった唄を、おもいっきり楽しんでいることでしょう。そういうふうに考えだすと、とても落ちついてくるのです。

「ああ、裕さんにとってあっちのほうがいいわね」と。地上では会いたくても会えない人と、上ではいつも会っていると思うのです。それも毎日のように。

そういうふうに考えられるようになったのは月日がたって落ちついてきたからなのかもしれません。

裕さんの七回忌まであと二年、私は六十になってしまいますが、しっかりお墓を守り、石原裕次郎を永遠のものにしていくつもりです。

いまでも男盛りの頃の裕さんの勇姿が眩しく蘇り、私に生きる勇気を与えてくれるのです。

そうなんですよ、裕さん。

オマージュ――渡哲也

逗子葉山沖の裕次郎灯台

どのようにしたら、あのように人を信じ
受け入れることができるんだろう
またどのようにしたなら
あの人のように、人の情感を揺り動かすことができるんだろう
またどのようにしたら　あのように嘘なく自然体のままで
生きていけるんだろう
また一緒にいるだけで何故、己が生きているという
実感を味わうことができるんだろう
そして何故、己は勇気があってちょっぴりロマンチストなのでは
などと、錯覚の世界へ導いてくれたんだろう
しかも、何故将来が明るく希望があるぞなどと
感じたんだろう

横浜鶴見区総持寺の裕次郎の墓

『狂った果実』の歌碑がある葉山の森戸神社

10代から60代まで、ＴＶドラマ『太陽にほえろ！』は世代を越えて愛された

年譜——その全生涯

昭和9年（1934）0歳
12月28日、神戸市須磨区大手町2—13にて、父潔、母光子の次男として誕生。二つ違いの兄は作家であり政治家である石原慎太郎。当時では珍しい二階建ての豪邸に住んでいた。

昭和12年（1937）3歳
父が山下汽船小樽支店長に栄転、家族で小樽へ。緑町4丁目に住み、夏は近くの蘭島、塩谷の海水浴場で、父から泳ぎの訓練を。海との係わりは、ここから始まった。

昭和16年（1941）7歳
稲穂国民学校に入学、ワンパク時代を兄と自然の中で過ごした。スキーを初めて経験、小学校2年から3年生にかけて、回転の選手で活躍。この頃からスポーツは得意の科目だった。

昭和18年（1943）9歳
春、父が本社の重役に就任、神奈川県逗子市桜山2405へ転居、逗子国民学校へ転入した。小学校時代は、海と同じくらい模型作りに熱中、数少ない貴重な材料で作ったクラフトは生涯の宝物になった。

昭和22年（1947）13歳
新制（6・3・3制）の逗子中学に入学。近所の人と一緒に『アウトローズ』という野球のチームを作り、市民大会で優勝、名レフトとして活躍した。2年生後半に、バスケット部を創設し、勉強よりもスポーツに熱中した時代だった。

昭和25年（1950）16歳
慶應義塾高校へ入学。お祝いに当時としては珍しいトレンチコートを父がプレゼント。それを着て横須賀線で通う姿は、女子学生の憧れの的。トレンチは慶應のシンボルファッションに。

昭和26年（1951）17歳
10月15日、父が脳溢血で急死。そして同時期に、オリンピック選手をめざして打ち込んでいたバスケットを、左足骨折のために断念。度重なるショックをまぎらわせるために、麻雀、酒に走り、無頼生活がしばらく続いた。

昭和28年（1953）19歳
慶應義塾大学法学部に入学、将来の夢を模索。多感な時代に亡くなった父の影響を受け、海への憧れから、船乗りとして海外へ雄飛することを自分の一生の仕事と考えていた。

昭和30年（1955）21歳
兄の慎太郎が『文学界』に発表した『太陽の季節』が、文学界新人賞、第34回芥川賞を受賞。アンモラルなその内容は衝撃的で『太陽族』の流行語が生まれた。この作品の映画化が、裕次郎の人生に大きな影響を与えた。

昭和31年（1956）22歳
ヨットの演技指導を兼ね、アルバイトのつもりで出演した『太陽の季節』。その鮮烈な印象が水の江滝子プロデューサーの目に止まり『狂った果実』で本格的デビュー。憧れの女性北原三枝と運命的な出会いとなった映画。『乳母車』など6本の映画に出演。

昭和32年（1957）23歳
俳優業に専念するため、春、慶應を3年で中退。テイチクの専属歌手になったのもこの年で、『俺は待ってるぜ』のレコードが160万枚の大ヒット。この年日本で最初のLPが裕次郎によって生まれた。

昭和33年（1958）24歳
正月映画『嵐を呼ぶ男』が主題歌と共に空前の大ヒット。『勝利者』でブルーリボン新人賞を受賞。成城1丁目にプール付新居完成。『陽の当たる坂道』『錆びたナイフ』など裕次郎ブームに火がついた。

昭和34年（1959）25歳
超売れっ子スターに。ハードスケジュールに心身とも疲れ果ててしまい、2週間の失踪事件を起こした。この年、10本の映画に主演。7月には初の海外ロケ『世界を賭ける恋』で欧州へ。

昭和35年（1960）26歳
噂の恋人、北原三枝とアメリカ婚前旅行。当時大スター同士の結婚は認められず、日活から大反対されたが、事実関係を作ることによって意志を貫き、12月2日有楽町の日活ホテルで永遠の愛を。ビッグスター同士の結婚の先駆者。

昭和36年（1961）27歳
1月24日、滋賀高原で女性スキーヤーと衝突して右足首を粉砕複雑骨折。完治まで8か月もかかった。入院中、弟のように可愛がっていた赤木圭一郎が事故死。『銀座の恋の物語』が大ヒットして映画化へ。

昭和37年（1962）28歳
俳優を拘束する〝五社協定〟に将来の不安を感じ、日活との契約を専属から本数契約に。この年『赤いハンカチ』が240万枚のレコード売り上げの大ヒット。

昭和38年（1963）29歳
スタープロとして石原プロモーションを設立。石原プロ第1作『太平洋ひとりぼっち』の主演制作で第18回芸術祭賞を受賞するなど、順風満帆のスタートを切った。

昭和39年（1964）30歳
7月、初のアメリカ映画『素晴らしきヒコーキ野郎』に出演。この年のヒット曲『俺はお前に弱いんだ』の曲中に出るセリフが〝照れくせーよ〟といってレコーディングがスムーズにいかなかったエピソードが。

昭和40年（1965）31歳
5月、裕次郎ムードの代表曲『二人の世界』を発表、TV歌謡のベストで20週間連続トップに。歌手生活10周年を記念して9月、全国縦断リサイタルをスタートさせた。

昭和41年（1966）32歳
3月『石原音楽出版』を設立、大ヒット曲『二人の世界』が映画化。『裕次郎のクリスマスキャロル』というクリスマスソングのアルバムに初挑戦。映画も7本に出演。

昭和42年（1967）33歳

ハンフリー・ボガードの『カサブランカ』日本版『夜霧よ今夜も有難う』の主題歌が大ヒット。10年連続ヒットの功績で『日本レコード大賞特別賞』を受賞。〝夜霧〟は持ち歌の中で唯一ワンコーラスだけ歌詞を覚えている貴重な曲。

昭和43年（1968）34歳

三船プロと共同制作した『黒部の太陽』の公開をめぐって〝五社協定〟と対立。苦しい状況に追い込まれたが突破。観客動員数733万7千人、配給収入7億6116万円。この年の日本映画の最高記録を作った。

昭和44年（1969）35歳

日活と契約を破棄、フリーに。日本の自動車社会の夜明けともなった映画『栄光の5000キロ』アフリカロケで、夫人に押し花とフラミンゴの羽を添えて送った手紙は有名。

昭和45年（1970）36歳

『ある兵士の賭け』が失敗。5億8千万円の負債をかかえ、石原プロ倒産の危機に陥るなど多難な年に。石原プロ第6作『富士山頂』も制作。

昭和46年（1971）37歳

多額の負債をかかえた石原プロ。心労と、肉体的疲労から『甦える大地』キャンペーン先の秋田で倒れ、胸部疾患のため国立熱海病院に入院。入院生活は8月から11月迄。渡哲也が参加、石原プロ再建に協力。

昭和47年（1972）38歳

萩原健一、松田優作といったスターを生み、若者の間で大人気となるにいたった、日本テレビ『太陽にほえろ！』がスタート。冷静で勁《つよ》く、かつ部下思いのやさしいボス役が、理想の父親をイメージさせ、若いファン層を獲得した。

昭和48年（1973）39歳

2年ぶりのアクション映画『反逆の報酬』に渡哲也と共演。石原プロ作品の出演はこれが最後となった。この年まで石原プロ作品は16作にもなった。

昭和49年（1974）40歳

7月『太陽にほえろ！』が満2年を迎える。夫婦で初めて宝酒造のCMに出演。夫婦仲の良さをアピール。

昭和50年（1975）41歳

芸能生活20周年を祝う。「俺の専門は歌じゃないから」とレコード以外、音楽活動はしなかったが、この年、NHKの『ビッグショー』に出演、ファンを楽しませた。私生活では『トランスパックヨットレース』に参加。

昭和51年（1976）42歳

石原プロ制作のテレビ映画『大都会』がスタート。これは、3年間、高視聴率をマークし続ける大ヒット作となる。『太陽にほえろ！』は200回を迎え、37パーセントの高視聴率を記録。生涯最後の映画となる『凍河』に友情出演。

昭和52年（1977）43歳

『大都会PARTⅡ』スタート。この年の夏、『アドミラルズカップ』に出場するために、イギリスのワイト島で夫人と過ごす。小さなアパートを借り充足したふたりきりの生活を楽しむ。

昭和53年（1978）44歳

12月1日、舌下に粟粒大の腫れ物ができ、検査のため慶應病院に入院、除去手術を。病名は舌下白抜症と公表したが、舌ガンだった。

昭和54年（1979）45歳

1月退院後の経過が思わしくなく、慶應病院に再入院。9月東大病院で腫れ物をレザーで除去する。私生活とは別に、仕事は順風満帆。『西部警察』がテレビ朝日系で放映開始。

昭和55年（1980）46歳

成城四丁目に新居を。工事中に縄文時代の遺跡が発見され世田谷区の古墳指定区域に。まき子夫人、子宮筋腫の手術で入院。

昭和56年（1981）47歳

4月25日、『西部警察』ロケ中に背中と胸の激痛を訴え慶應病院に緊急入院。5月7日、7時間にも及ぶ解離性大動脈瘤の手術を。生還率わずか3パーセントの奇跡に挑戦、克《か》った。9月退院、11月には復帰、ファンを安心させた。

昭和57年（1982）48歳

2月『西部警察PARTⅡ』全国縦断ロケに出発。各地で奇跡の生還をした裕次郎を熱烈ファンが出迎えた。ハワイのヨットレースに参加するなど体も快復していった。

昭和58年（1983）49歳

石原プロ創立20周年記念パーテー。夫人、出席関係者らとさらに強い絆を。『西部警察PARTⅡ』全国ロケも。

昭和59年（1984）50歳

7月、原因不明の発熱、慶應病院に再入院。1カ月前の定期検診で肝臓癌が発見されていた。しかし、本人には知らされていなかった。9月ハワイでの3軒目の別荘『ハレ・カイラニ』を購入。

昭和60年（1985）51歳

大動脈瘤の大手術後入退院を繰り返す日々だったが、この年は6月に神田正輝、松田聖子の仲人をつとめたり、12月2日に銀婚式を迎えるなど束の間の幸せを味わった。

昭和61年（1986）52歳

5月、微熱が続いたために再入院。病名は肝内胆管炎と報道された。『太陽にほえろ！』の主演も体調が思わしくなく、ついに6月13日の出演をもって降板。11月14日には14年4か月続いたこの番組も幕を閉じた。

昭和62年（1987）52歳

ヘンリー・フォンダ主演で老夫婦の愛を描いた『黄昏』。晩年は「こういう映画を撮りたい」といっていた裕次郎。その夢を果たせないまま、7月17日午後4時26分、石原裕次郎は逝った。戒名は「陽光院天真寛裕大居士」。生涯総出演映画102本、レコーディング曲521曲。

石原裕次郎記念館

平成三年七月二十日グランドオープン

石原慎太郎、石原まき子館長、渡哲也らによって念願の「石原裕次郎記念館」テープカット。

まき子夫人は石原裕次郎の夢を叶えた。

延べ 2000 万人ものファンが訪れた記念館。

来館者2000万人突破の偉業

石原裕次郎記念館が小樽市にオープンしたのは、石原裕次郎が亡くなって五年目の平成三年七月二十日だった。直腸がんの摘出手術を六月二十日に行い、七月十七日に退院したばかりの渡哲也も石原プロモーション代表取締役社長として石原まき子会長、作家の石原慎太郎らとオープニングセレモニーを務めた。

「東京の家には、石原の遺品のすべてを移動させました。もう石原に関するものは、何も残っておりません」

石原まき子夫人が語った石原裕次郎の思い出の品々は、大型トラック2台、バス2台によって東京・成城の石原邸から運ばれたもので、その数は実に二万三千点にも及んだ。

「裕次郎記念館は、私どもの胸の中にありました石原との思い出、何物にも代えがたい温かさ、一緒にいるだけで心なごんだ、そういった思いなどを再び心に刻んでくれました」

と渡哲也も感慨深く語った。

それから四半世紀を迎えた平成二十九年（２０１７）八月三十一日、「石原裕次郎記念館」は多くのファンに惜しまれながらその任務を終えて閉館する。二十五年間でここを訪れたファンは、延べ二千万人にも及ぶ。一俳優の記念館の来館者数は他に類を見ない――。

記念館横には、ハワイから運ばれたコンテッサⅢ号（海の貴婦人）が展示された。

石原裕次郎記念館起工式

平成二年十月二十一日

鍬入れ式、裕次郎記念館は一躍小樽市最大の観光スポットに。

起工式は渡哲也、舘ひろしら石原軍団あげての一大イベントになった。

マスコミに宛てて送られた起工式案内状。

様　　平成２年１０月１５日

調布市国領町７－３－３
株式会社石原プロモーション
専務取締役　小林正彦

石原裕次郎記念館起工式のご案内

拝啓　貴社ますますご隆盛のこととお喜び申し上げます。日ごろは何かとご配慮いただきまことにありがとうございます。
さて、ご存知かとは思いますが当社は北海道小樽市に裕次郎記念館を建てることになりました。
つきましては、下記の通り起工式を行います。ご多忙中とは存じますが、ぜひともご取材のほどよろしくお願い申し上げます。
まずはとりあえず書中をもちましてご案内申し上げます。

敬具

記

■宿泊先　札幌パークホテル
札幌市中央区南十条西３丁目（電話０１１－５１１－３１３１）

■出発　１０月２０日（土）　ＪＡＳ１０５便　羽田発１２時４０分
札幌着１４時０５分

■帰着　１０月２２日（月）　ＪＡＳ１０４便　札幌発１３時２５分
羽田着１４時５５分

■出演者　渡哲也、舘ひろし、／石原まき子、石原慎太郎夫妻、小樽市長　他

■取材スケジュール
１０月２１日（日）　午前９時より　裕次郎記念館起工式
午後１２時～　ファン感謝の集い
午後６時より　起工式パーティー

以上

グランドオープンを遡る一年前の十月二十一日、小樽市築港において「石原裕次郎記念館」の起工式が行われた。

そのいきさつを石原まき子夫人はこう語っている。

「一周忌を迎えるころ、整理をしていました遺品の中から裕さんが描いた『裕次郎記念館』構想のデザイン画が出てまいりました。地下があり、一階が劇場とサロン、そしてビデオルームがあります。二階には映写室に展示場、ライブラリー、それと好きだったヨットの本物も飾るという夢のあるプランニングです。膨大な遺品の落ち着き場所に頭を痛めていました私は、デザイン画を見たとき記念館設立がひらめいたのです」

伝説と栄光の軌跡

一階オープンスペースのエントランスにはヨットをデザインした記念館案内所があり、入場口には日活時代の主演映画の名場面がマルチスクリーンで上映されていた。一階フロアの奥には各種裕次郎グッズを中心としたショップがあり、連日大勢のファンでにぎわっていた。入場口を入ってすぐに『黒部の太陽』の迫力あるトンネルセットが再現され、スケールの大きさを体感できた。二階には『栄光への5000キロ』の撮影で使用された日産ブルーバードや愛車メルセデスベンツ300SLガルウィングなど、スター裕次郎の証しとなる栄光の足跡が所狭しと展示されている。また休憩で利用できる二階ラウンジからは、小樽のヨットハーバーも臨むことができ、まさに海の男に相応しい場所に記念館はあった。

上　一階エントランス。

中　一階奥のコーナーにある裕次郎ショップ。

下　大ヒット映画『黒部の太陽』のトンネルセット。

スターの証

デビューから晩年までのレコードジャケット。歌手石原裕次郎の軌跡が堪能できる。

黄金色に彩られたスターの空間。

もはや日本に数台しかないといわれているベンツ 300SL ガルウイング。

映画『栄光への 5000 キロ』で活躍した日産ブルーバード。

車の王者ロールスロイスは、まさに大スター石原裕次郎に相応しい。

2階ラウンジのベランダからヨットハーバーが臨める。

石原裕次郎の館を訪ねて

圧巻は、二階フロアにハワイの別荘のリビング、成城の石原邸のリビングが、そっくりそのまま本物で再現されていることだ。また圧倒量で見せてくれる趣味のファッションや、調度品や貴金属のコレクションなど、スター石原裕次郎の世界にどっぷりと満喫できる工夫がされていた。これら展示のコーディネートは、すべて石原まき子夫人が一人でやったというから驚きである。

自宅2階奥にある石原裕次郎の書斎をそのまま再現させた。

オシャレな石原裕次郎のファッション小物。ネクタイピン、カフスボタンなど特注品の優れ物ばかり。

「裕さんのオシャレセンスはすばらしかった」まき子夫人。

まき子夫人が語る「裕さんとの出会い」コーナーはとても新鮮だ。

成城自宅3階の裕次郎専用ワードローブから運んだ洋服とシューズ。その量に圧倒される。

これぞスターのファッション

東京・成城自宅のリビングを再現。「裕さんはこの部屋で仲間と語り合いながらグラスを傾けていました」とまき子夫人は語る。

ハワイ・ホノルルにある別荘「ハレ・カイラニ」のリビングを再現。この部屋から見える海とサンセットは美しい。

愛用した食器類。器にはこだわっていた。

映画賞や音楽賞のトロフィーの数々。その量には圧倒された。

石原裕次郎のヒットアルバムにはハワイアンが多い。それほどハワイをこよなく愛した。

西部警察軍団車輌

一階エントランスがあの人気テレビドラマ『西部警察』のスーパーカーの展示で衣替えしたのは平成二十三年六月（2011）十五日だった。劇中、石原裕次郎の愛車として登場した専用公用車・ガゼールや、渡哲也扮する大門圭介団長の専用特別起動車輌のスーパーZ、さらに最強のスーパーパトカーのマシンRS・1、RS・2、RS・3などの超スーパーカーでフロアは埋まり、記念館は西部警察ファンにとっての聖地にもなっていた。

RS-1　最強のスーパーカー

通称「マシン RS3兄弟」の司令・攻撃車としての役割を担っている。初登場時は渡哲也演じる大門圭介団長が運転していた。

2017年の「石原裕次郎記念館」エントランス

RS-2　モンスターパトカー

RS3兄弟の情報収集を任務とする車輌。警察・航空・船舶のほかに海外との通信も可能。大門軍団の各メンバーが運転した。

RS-3　進化を遂げたヒーロー

マシン RS の強化・改造型で、RS3兄弟の情報解析を担当。悪を狩る追跡装備は圧巻だ。RS軍団唯一のノンターボ FJ20を搭載！

スーパーZ
ゴールド&ブラックの装い

渡哲也（大門圭介）の専用特別起動車輌。カーチェイスと銃撃戦を前提に開発された。走行中に開閉するガルウイングは銃撃戦に有利となっている。

SUZUKI GSX 1100S
KATANA R

追撃の狩人はノーマルのブラック。「全体をもっと短くシャープに見せたい」と舘の発案で生まれた特注車。

ガゼール　スペシャルカーでタフ

石原裕次郎演じる木暮謙三課長の専用公用車。当時、まだ珍しかった自動車電話があり、オープンカーに改造されたオシャレな車。

SUZUKI GSX 1100S KATANA

鳩村英次役の舘ひろしが考案した伝説のモンスターバイク。世界にたった一台のスペシャルバイクだ。

石原裕次郎
日本人が最も愛した男

2017年3月17日第1刷発行

監　修　**石原まき子**
管　掌　**石原プロモーション**
編集人
発行人　**阿蘇品 蔵**
発行所　**株式会社青志社**

〒107-0052 東京都港区赤坂6-2-14 レオ赤坂ビル4F
(編集・営業) Tel 03-5574-8511　Fax 03-5574-8512
http://www.seishisha.co.jp/

撮　影　小島愛一郎・佐藤靖彦
アートディレクション　塚田男女雄
デザイン　高橋雅之
　柳沢健祐＋K②
　加藤茂樹

本書は、平成3年7月17日から「石原裕次郎記念館」において限定発売されたものを「石原裕次郎没30年記念出版」として装丁を一新し、また増ページを加えて全国発売いたしました。

編集人

印刷・製本　慶昌堂印刷株式会社

 ISBN　978-4-86590-040-8 C0074

本書に掲載した写真は石原家プライベートアルバムより監修者によって提供されたものです。